Services éducatifs de qualité en petite enfance

Théorie et pratiques

Suzanne Manningham
Nancy Vaillant

**Services éducatifs de qualité en petite enfance :
Théorie et pratiques**
Suzanne Manningham et Nancy Vaillant

© 2017 Les Éditions JFD inc.

Catalogage avant publication de Bibliothèque et Archives nationales du Québec et Bibliothèque et Archives Canada

Manningham, Suzanne et Vaillant, Nancy

Services éducatifs de qualité en petite enfance : Théorie et pratiques

ISBN 978-2-924651-61-2

1. Garderies – Québec (Province). 2. Éducation de la première enfance – Québec (Province). 3. Interaction en éducation.

HQ778.7.C32Q8 2017   362.71'209714   C2017-941701-0

Éditions JFD inc.
CP 15 Succ. Rosemont
Montréal (Qc) H1X 3B6
Téléphone : 514-999-4483
Courriel : info@editionsjfd.com
www.editionsjfd.com

Tous droits réservés.
Toute reproduction, en tout ou en partie, sous quelque forme et par quelque procédé que ce soit, est interdite sans l'autorisation écrite préalable de l'éditeur.

ISBN 978-2-924651-61-2

Dépôt légal : 4ᵉ trimestre 2017
Bibliothèque et Archives nationales du Québec
Bibliothèque et Archives Canada

Création des illustrations et figures : C.C. Consultants
(graphiste : Laurence René)
Crédit photographique : Nathalie Toulouse

Imprimé au Québec, Canada

« La continuité empêche de toujours recommencer à zéro ou de réinventer la roue. Elle permet la découverte d'autres routes, elle est la carte qui ouvre sur le pays nouveau : elle enracine le changement et lui donne tout son sens. »

— *Gilles Gendreau, 2001*

Table des matières

Table des figures 9

Remerciements 11

Introduction 13

Partie A : Théorie – *Suzanne Manningham*

Chapitre 1
Fréquentation d'un service éducatif à la petite enfance au Québec

1.1 La conciliation famille et travail 18

1.2 La fréquentation d'un service éducatif
    à la petite enfance de qualité 18

1.3 L'éducatrice au cœur de la qualité du processus 20

Chapitre 2
Grands courants théoriques en petite enfance

2.1 Le programme éducatif québécois 24

2.2 Une nouvelle façon de penser la relation entre
    l'éducatrice et l'enfant 25

Chapitre 3
Proposition d'un nouveau modèle

3.1 Le processus d'apprentissage selon Vygotsky 30

3.2 Modèle psychoéducatif d'accompagnement
    adapté à la petite enfance 31

Chapitre 4
Démarche de réflexion et de planification

4.1 Démarche pour soutenir l'éducatrice au quotidien 36

4.2 Définition des éléments et exemple pratique 39

4.3 Annexe : Démarche de réflexion
    et de planification — Outil de référence 54

Chapitre 5
Démarches pour soutenir l'éducatrice dans son travail auprès des enfants présentant des besoins particuliers

5.1 Les enfants présentant des besoins particuliers identifiés au moment de l'inscription 62

5.2 Les enfants présentant des besoins particuliers non identifiés au moment de l'inscription 64

5.3 Démarche de collaboration, d'échanges et de consultation 66

5.4 Démarche de collaboration, d'échanges et de consultation : Exemple pratique 73

5.5 Démarche de collaboration, d'échanges et de consultation : Suite de l'exemple pratique 76

Chapitre 6
Collaboration entre la famille et le service éducatif : un lieu d'apprentissage exceptionnel

6.1 Message 1 : Mon service éducatif à la petite enfance, un milieu de qualité où l'enfant vit des expériences stimulantes 83

6.2 Message 2 : Vous êtes importants pour votre enfant, aidez-nous à mieux le connaître 85

6.3 Message 3 : Il y a autant d'enfants que de façons de construire son avenir 87

6.4 Message 4 : Entre 0 et 5 ans, l'importance de jouer et d'explorer pour apprendre 89

Partie B : Pratiques – *Suzanne Manningham et Nancy Vaillant*

Introduction 93

Chapitre 7
Les moments de routine

7.1 Un environnement de qualité – les moments de routine 99

7.2 Pour les enfants présentant des besoins particuliers 100

Table des matières

Chapitre 8
L'arrivée au service éducatif et le départ pour la maison

8.1 Un environnement de qualité – l'arrivée et le départ 104

8.2 Démarche de réflexion et de planification :
l'arrivée (exemple pratique) 107

8.3 Démarche de réflexion et de planification :
le départ (exemple pratique) 112

8.4 Pour les enfants présentant des besoins particuliers 118

8.5 Exemple d'une situation éducative de qualité
lors de l'arrivée 119

8.6 Exemple d'une situation éducative de qualité
lors du départ 120

Chapitre 9
Le jeu libre

9.1 Un environnement de qualité – le jeu libre 126

9.2 Démarche de réflexion et de planification :
Exemple pratique 129

9.3 Pour les enfants présentant des besoins particuliers 135

9.4 Exemple d'une situation éducative de qualité
lors d'une période de jeu libre 136

Chapitre 10
Le jeu extérieur

10.1 Un environnement de qualité – jeu extérieur 139

10.2 Démarche de réflexion et de planification :
Exemple pratique 142

10.3 Pour les enfants présentant des besoins particuliers 148

10.4 Exemple d'une situation éducative de qualité
lors d'une période de jeu extérieur 149

Chapitre 11
Les repas et collation

11.1 Un environnement de qualité – les repas et la collation 152

11.2 Démarche de réflexion et de planification :
Exemple pratique 154

11.3 Pour les enfants présentant des besoins particuliers............ 159

11.4 Exemple d'une situation éducative de qualité
à l'heure du repas... 160

Chapitre 12
La sieste et la période de repos des enfants

12.1 Un environnement de qualité –la sieste et le repos 164

12.2 Démarche de réflexion et de planification :
Exemple pratique 166

12.3 Pour les enfants présentant des besoins particuliers............ 172

12.4 Exemple d'une situation
éducative de qualité lors de la sieste 173

Chapitre 13
Les pratiques liées à l'hygiène

13.1 Le lavage des mains 177

13.2 Le changement de couches et le passage à la toilette............ 178

13.3 Le nettoyage et la désinfection 182

13.4 Démarche de réflexion et de planification :
Exemple pratique 183

Conclusion...193

Références...195

Table des figures

Figure 3.1
Modèle psychoéducatif d'accompagnement adapté à la petite enfance 32

Figure 4.1
Démarche de réflexion et de planification 38

Figure 4.2
La pyramide de Maslow 41

Figure 5.1
Démarche de collaboration, d'échanges et de consultation 65

Figure 5.2
Les 5 paliers d'intervention du modèle Iowa pour le soutien aux enfants présentant des besoins particuliers en service éducatif à la petite enfance 67

Figure 6.1
La collaboration entre la famille et le service éducatif à la petite enfance – un lieu d'apprentissage exceptionnel pour chacun 81

Figure B.1
Une journée au service éducatif à la petite enfance 94

Remerciements

Nous tenons à remercier les éducatrices et les gestionnaires des centres de la petite enfance (CPE) de l'Abitibi-Témiscamingue et du Nord-du-Québec pour leur engagement dans un projet de recherche partenariale *Portés par la qualité* comprenant deux grands volets – *2 ans et demi à 5 ans* – et – *Nourrissons et tout-petits – une démarche d'amélioration continue de la qualité éducative*[1] qui a été mené de 2007 à 2016[2]. Les activités de formation et de réflexion utilisées au cours de ce projet de recherche partenariale ont inspiré l'écriture de ce livre.

Nous souhaitons remercier plus particulièrement madame Susan Synnett, directrice générale du Regroupement des CPE de l'Abitibi-Témiscamingue et du Nord-du-Québec jusqu'à l'automne 2014, pour sa confiance inébranlable dans le partenariat établi au cours de ce projet.

Nous remercions aussi madame Carole C. Welp qui nous a initié, en 2004 lors de la réalisation de nos études doctorales, au monde rigoureux de la qualité de l'environnement éducatif en petite enfance.

Nous remercions madame Stéphanie Girard, étudiante à la maîtrise en psychoéducation de l'Université du Québec en Abitibi-Témiscamingue, pour son travail de documentation.

Enfin, nous remercions chaleureusement le travail minutieux de relecture de madame Ginette Doyon, ps. éd., M. Sc. Ses questionnements judicieux tout au long de son travail ont permis de repréciser certains points et enrichir notre écriture.

---

[1] Le projet de recherche a reçu un soutien financier d'Avenir d'enfants – des communautés engagées et était sous la supervision scientifique de Suzanne Manningham, ps. éd., Ph. D., chercheure et professeure titulaire à l'Université Laval.

[2] Manningham, S. (2013). *Portés par la qualité! 2 ½ à 5 ans. Projet d'acquisition et de transfert de connaissances*. Rouyn-Noranda : Chaire Desjardins en développement des petites collectivités (UQAT). Rapport de recherche, janvier 2013.

Introduction

L'accueil et l'accompagnement des tout-petits et de leur famille dans un service éducatif à la petite enfance représentent des défis importants pour l'éducatrice[1] soucieuse de la qualité de ses relations avec l'enfant et de leurs contributions à la stimulation et au développement du plein potentiel de chaque enfant.

L'ouvrage *Services éducatifs de qualité en petite enfance – Théorie et pratiques* a pour but de guider les éducatrices à la petite enfance désireuses de s'engager dans l'amélioration continue de la qualité de leur relation avec l'enfant. De manière plus spécifique, l'ouvrage vise à soutenir l'éducatrice dans sa réflexion et ses façons de faire. Ainsi, l'ouvrage propose une démarche de réflexion et de planification de l'environnement éducatif. Cette démarche permet à l'éducatrice à la petite enfance de s'arrêter et de planifier, de définir une nouvelle façon de faire ou encore, de valider une pratique existante. Le livre s'adresse à toutes les éducatrices et les directions de service éducatif à la petite enfance soucieuses de la qualité de leur relation avec l'enfant et sa famille.

Le livre se divise en deux parties. Dans la première partie appelée « Théorie », Suzanne Manningham, ps. éd., Ph. D. propose une nouvelle lecture de l'interaction éducative en petite enfance. Cette nouvelle lecture de l'interaction éducative s'inspire des grandes orientations théoriques en petite enfance et en transfert et appropriation des connaissances. Ainsi, le concept *d'interaction éducative bienveillante* est développé par l'auteure lors de la proposition du modèle psychoéducatif d'accompagnement adapté à la petite enfance. Pour l'auteure, c'est par l'entremise d'*interactions éducatives bienveillantes* et sensibles à ses besoins développementaux que le tout-petit apprendra à faire confiance et prendra plaisir à explorer son environnement. Apprendre à faire confiance et à se faire confiance ET prendre plaisir à explorer son environnement sont deux grands cadeaux faits à l'enfant lors de sa petite enfance, deux bases sur lesquelles viendront s'ancrer ses apprentissages tout au long de sa vie.

---

[1] Dans ce document, l'emploi du « e féminin » est utilisé comme représentant des deux sexes, sans discrimination des hommes et des femmes et dans le seul but d'alléger le texte.

L'auteure, ayant le souci d'opérationnaliser le concept *d'interaction éducative bienveillante,* suggère une démarche de réflexion et de planification pouvant être réalisée individuellement ou encore en équipe. La démarche est utile dans toutes les situations éducatives du quotidien, de la plus aisée à la plus complexe. Elle vise une intériorisation des choix pédagogiques faits par l'éducatrice ou l'équipe en fonction de son expérience et de sa culture propre. La collaboration et la concertation avec les parents ou les membres de la famille y jouent un rôle central. Les éducatrices accueillant dans leur groupe un enfant présentant des besoins particuliers y trouvent également une source de réflexion et de soutien par la proposition d'un modèle d'organisation de l'intervention en étapes adapté à la petite enfance.

La seconde partie du livre présente une journée type au service éducatif à la petite enfance vécue par l'enfant et l'éducatrice comme point de départ à l'utilisation de la démarche proposée en première partie. Cette section « Pratiques » a été rédigée de manière collaborative par Suzanne Manningham, ps. éd., Ph. D. et Nancy Vaillant[2], bachelière en psychoéducation. Les auteures sont convaincues que chaque expérience vécue par l'enfant au contact de l'éducatrice à la petite enfance ou de ses pairs rencontrés au service éducatif est une possibilité d'apprentissage. De son arrivée le matin au service éducatif jusqu'à son départ, la journée de l'enfant est jalonnée d'expériences éducatives facilitant son développement. De sorte que chaque moment de vie planifié et organisé par l'éducatrice devient une occasion d'exploration et de jeu favorisant le développement optimal de l'enfant. En utilisant la symbolique de l'horloge et de ses mécanismes internes, les auteures suggèrent qu'un apprentissage dans un champ de développement précis aura nécessairement un impact sur d'autres champs de développement de l'enfant. Dans ces rouages internes, la communication et la collaboration entre les parents et l'éducatrice à la petite enfance devient un des piliers du développement optimal de l'enfant.

Ainsi, les auteures ont ciblé des moments précis de la journée vécue au service éducatif à la petite enfance en y reprenant les concepts-clés du développement de l'enfant et en les associant à chacun de ces moments. Elles y présentent également un exemple pratique de la démarche de réflexion et de planification pour chacun de ces moments.

---

[2] Madame Vaillant a travaillé à titre de professionnelle de recherche pendant une période d'environ 5 ans dans le cadre du projet de recherche partenariale *Portés par la qualité!*

Partie A : Théorie

Suzanne Manningham

1 | Fréquentation d'un service éducatif à la petite enfance au Québec

1.1 La conciliation famille et travail

En 2009, un peu plus de 95 % des familles québécoises ayant des enfants âgés de moins de 5 ans recouraient au service éducatif à la petite enfance de façon régulière ou irrégulière[1]. Le service éducatif à la petite enfance permet ainsi aux parents québécois de concilier tant leurs obligations liées à la famille que celles liées au travail.

Pour l'enfant, nous savons que chaque adulte qu'il rencontre à l'extérieur du cercle familial devient une opportunité de construire un nouveau lien sécurisant. Les liens ainsi créés avec les éducatrices dans la petite enfance auront un impact important sur la qualité des liens que l'enfant développera par la suite tout au long de sa vie.

De plus, les études montrent que les enfants qui ont connu des relations positives avec leur éducatrice lors de la petite enfance sont plus susceptibles de profiter des opportunités d'apprentissage disponibles dans la classe[2] et présentent une meilleure adaptation aux demandes formelles de l'école[3].

La qualité de l'environnement éducatif qui soutient le développement d'un lien sécurisant entre l'enfant et son éducatrice devient donc la pierre angulaire de l'impact de la fréquentation du service éducatif à la petite enfance sur le développement et la stimulation de chaque enfant.

1.2 La fréquentation d'un service éducatif à la petite enfance de qualité

Des études expérimentales ont montré que la fréquentation d'un service éducatif à la petite enfance, si elle représente une expérience éducative de haute qualité, influence positivement le développement

---

[1] Observatoire des tout-petits (2016). *Dans quels environnements grandissent les tout-petits québécois? Portrait 2016.* Montréal, Québec.

[2] Howes, C. & Smith, E. (1995). Children and their care teachers: Profile of relationship. *Social Development, 4,* 44-61.

[3] Birch, H., & Ladd, G. W. (1997). Children's interpersonal behaviors and teacher-child relationship. *Developmental Psychology, 34*(934-946).

des enfants[4]. Les auteurs suggèrent que les programmes d'intervention précoce amènent des changements qui vont avoir une influence positive tout au long de la vie des enfants, surtout ceux vivant en contexte de vulnérabilité, les protégeant ainsi de vivre des difficultés liées aux différents apprentissages tout au long de leur vie.

Encadré 1.1

L'environnement éducatif de qualité se définit comme étant un environnement dans lequel la sécurité et la santé de l'enfant sont assurées tout en lui permettant d'être en contact avec un adulte lui proposant des expériences stimulantes favorisant son développement physique, émotif, social et cognitif.

Nous savons que les **meilleurs prédicteurs pour le développement de l'enfant demeurent ceux qui proviennent du milieu familial**. Ainsi, toutes les expériences vécues au sein de la famille sont celles qui soutiendront de façon prépondérante le développement de l'enfant et sa préparation à l'école.

Par exemple, la pratique d'une activité sportive en famille, la lecture du conte au moment du coucher par un des parents, les saines habitudes alimentaires empreintes de découvertes, les discussions animées au moment des repas, etc. sont toutes des activités qui donneront à l'enfant le goût d'apprendre et le sentiment de confiance en soi.

La qualité des relations développées entre l'éducatrice et l'enfant ainsi que la qualité de l'environnement du service éducatif sont également des indicateurs importants du développement de l'enfant.

---

[4] Howes, C., Burchinal, M., Pianta, R. C., Bryant, D., Early, D., Clifford, R.M., & Barbarin, O. (2008). Ready to learn? Children's pre-academic achievement in pre-kindergarten programs. *Early Childhood Research Quarterly, 23*, 27–50.

Ramey, C. T., Campbell, F. A., & Blair, C. (1998). Enhancing the life-course for high-risk children: Results from the Abecederian Project. In J. Crane (Ed.), *Social programs that really work*. New York: Russell Sage.

Ramey, S. L. (1999). Head Start and preschool education: Toward continued improvement. *American Psychologist, 54*, 344-346.

En service éducatif à la petite enfance, **la qualité de l'environnement se définit par deux éléments intimement liés** :

1. **La qualité structurelle** comprenant des caractéristiques telles que le ratio adulte/enfant, le nombre d'enfants dans le groupe, la formation des éducatrices[5];
2. **La qualité du processus** référant à la nature des expériences que vivent les enfants chaque jour au contact des éducatrices en incluant le matériel offert[6].

1.3 L'éducatrice au cœur de la qualité du processus

La nature des expériences vécues par les enfants au sein du service éducatif à la petite enfance nous ramène au rôle essentiel joué par l'éducatrice[7]. Les services éducatifs qui obtiennent des scores généraux de qualité élevés ont des éducatrices qui font preuve de plus de sensibilité dans leur contact avec les enfants. Certains auteurs recommandent de soutenir davantage les éducatrices ayant une formation spécialisée en petite enfance dans leurs relations avec les enfants. En offrant un soutien approprié à l'éducatrice, cela permet de réduire le stress vécu dans son travail quotidien et diminue, par le fait même, le risque d'être moins patiente ou moins attentive aux enfants[8]. Il existe également un lien direct entre la supervision régulière des éducatrices et les résultats des enfants au plan cognitif à long terme[9].

---

[5] Ministère de la Famille, des Aînés et de la Condition féminine (MFACF) (2006). *Situation des centres de la petite enfance et des garderies au Québec en 2004. Analyse des rapports d'activités 2003-2004 soumis par les services de garde* : Gouvernement du Québec : Les Publications du Québec. Ministère de la Famille, des Aînés et de la Condition féminine du Québec.

[6] Vandell, D. L. (2007). Les services à la petite enfance. Découvertes passées et futures. In Bigras, N. & Japel, C. (Eds.), *La qualité dans nos services de garde à la petite enfance. La définir, la comprendre, la soutenir* (pp. 21-54). Québec : Les Presses de l'Université du Québec.

Vandell, D. L., & Wolfe, B. (2000). *Child care quality: does it matter and does it need to be improved*. Washington, DC.

[7] Japel, C., & Manningham, S. (2007). L'éducatrice au cœur de la qualité... un projet pilote visant l'augmentation des compétences. In *Qualité dans nos services de garde éducatifs à la petite enfance (La)*. Montréal : Presses de l'Université du Québec.

[8] Green, B. L., Everhart, M., Gordon, L., & Gettman, M. G. (Fall 2006). Characteristics of Effective Mental Health Consultation in Early Childhood Settings: Multilevel Analysis of a National Survey. *Topics in Early Childhood Special Education; ProQuest Psychology Journals, 26*(3), 142-152.

[9] Campbell, F. A., Pungello, E., Miller-Johnson, S., Burchinal, M. R., & Ramey, C. (2001). The development of cognitive and academic abilities: Growth curves from an early childhood experiment. *Developmental Psychology, 37*, 231-242.

Selon ces auteurs, une formation spécialisée n'est pas suffisante si l'éducatrice n'est pas en mesure d'offrir de relations empreintes de sensibilité permettant d'offrir un matériel éducatif répondant aux besoins développementaux des enfants. Les outils proposés dans les prochains chapitres s'adressent à l'éducatrice qui est, non seulement soucieuse de la qualité de ses relations avec les enfants, mais également, préoccupée par la mise en place d'un environnement éducatif de qualité. Ces derniers peuvent être utilisés de manière autonome ou dans le contexte d'une supervision avec une collègue ou encore, être animés en équipe.

Schweinhart, L. J., Montie, J., Xiang, Z., Barnett, W. S., Belfield, C. R., & Nores, M. (2005). *Lifetime effects: The High/Scope Perry Preschool study through age 40.* Ypsilanti, MI: High/Scope Press.

2 | Grands courants théoriques en petite enfance

2.1 Le programme éducatif québécois

Le programme éducatif à la petite enfance du Québec est soutenu par deux courants théoriques : la théorie de l'attachement inspirée de John Bowlby et de Mary Ainsworth ainsi que l'approche écologique qui est quant à elle, inspirée de Urie Bronfenbrenner[1].

La théorie de l'attachement repose sur la qualité du lien que l'enfant crée dès son plus jeune âge avec sa mère ou une personne qui en prend soin. Ce lien d'attachement se noue également avec les autres membres de la famille rapprochée (père, frère ou sœur et grands-parents). Plus la relation vécue auprès des personnes signifiantes de la famille est stable et sécurisante et plus l'enfant est capable de créer des liens d'attachement avec les personnes rencontrées à l'extérieur de ce cercle privilégié. La théorie de l'attachement nous rappelle l'importance pour l'éducatrice à la petite enfance de démontrer les mêmes habiletés à proposer un lien stable et sécurisant lorsqu'elle accueille un tout petit.

Selon l'approche écologique, le développement de l'enfant est favorisé par l'interinfluence des contextes qui entourent l'enfant. Au centre, se trouve l'enfant avec ses caractéristiques propres, vient ensuite celui de sa famille. L'éducatrice à la petite enfance se trouve également dans ce contexte rapproché de l'enfant lorsque celui-ci fréquente un service éducatif à la petite enfance. Le modèle écologique nous rappelle l'importance de l'organisation appropriée des différents environnements dans lesquels évolue l'enfant afin de répondre à ses besoins développementaux.

L'influence positive des deux grands courants théoriques apparait dans les résultats des études mesurant la qualité de l'environnement éducatif offert aux jeunes enfants fréquentant les services éducatifs à la petite enfance au Québec[2]. Ainsi, dans ces études, la qualité des relations interpersonnelles entre l'éducatrice et l'enfant est un des aspects recevant un score de qualité élevé, et ce, quel que soit l'outil

---

[1] Ministère de la Famille et des Aînés (2007). *Accueillir la petite enfance. Le programme éducatif des services de garde du Québec. Mise à jour*. Québec.

[2] La qualité ça compte (2008). Japel, C., Tremblay, R. E., & Côté, S. (2005). *La qualité, ça compte! Résultats de l'Étude longitudinale sur le développement des enfants du Québec (ÉLDEQ)*. Montréal : Institut de recherche en politiques publiques.

Grandir en qualité (2014). Drouin, C., Bigras, N., Fournier, C., Desrosiers, H., & Bernard, S. (2004). *Grandir en qualité 2003. Enquête québécoise sur la qualité des services de garde éducatifs* : Institut de la Statistique du Québec.

d'observation utilisé. Il est observé que l'atmosphère du groupe est souvent chaleureuse et détendue, les éducatrices aident avec empathie les enfants qui se font mal ou qui sont fâchés, des marques d'affection sont observées pendant les routines ou les jeux ou encore, le ton de voix des éducatrices et des enfants est habituellement agréable pendant une bonne partie de la journée.

Toutefois, nous remarquons que les scores de qualité sont beaucoup moins élevés en ce qui a trait à la mise en place d'activités d'apprentissage adaptées à l'âge de l'enfant et stimulant leur développement. Nous croyons que cet écart s'explique en partie par la perception sociale du rôle de l'éducatrice à la petite enfance. L'éducatrice à la petite enfance est souvent perçue en tant que « gardienne d'enfants » ou dans un rôle éducatif se rapprochant de celui de la mère. Alors qu'elle n'est ni l'une ni l'autre mais bien, une professionnelle de la petite enfance.

En regard de ces résultats, nous avons décidé d'explorer d'autres modèles théoriques nous permettant de mieux comprendre et de mieux répondre aux besoins de stimulation des tout-petits. Nous avons combiné les éléments jugés pertinents des modèles théoriques aux connaissances expérientielles accumulées pendant nos années de travail en tant que psychoéducatrice auprès des enfants présentant des problèmes comportementaux et/ou psychiatriques et de leur famille. Cette démarche nous permet de proposer un modèle psychoéducatif d'accompagnement (Manningham, 2017) adapté à la petite enfance. Le modèle proposé introduit un nouveau concept qui est celui de l'*interaction éducative bienveillante* (Manningham, 2017).

2.2 Une nouvelle façon de penser la relation entre l'éducatrice et l'enfant

Nous avons montré dans une étude récente que la sensibilité de l'éducatrice n'est pas seulement en association, mais vient expliquer le lien existant entre le niveau de formation de l'éducatrice et la qualité de l'environnement qu'elle met en place[3]. Ainsi, ce sont les éducatrices ayant un niveau de formation de niveau collégial et plus **et qui, en**

---

[3] Manningham, S. (2009). *Qualité de l'environnement éducatif dans les services de garde préscolaires au Québec : Rôle des caractéristiques des éducatrices et une intervention visant à augmenter ses compétences.* Thèse présentée à la Faculté des études supérieures en vue de l'obtention du grade de Philosopha Doctor (Ph.D.) en psychologie. Université de Montréal.

plus, font preuve de plus de sensibilité, qui offrent aux enfants de vivre des expériences d'apprentissage adaptées qui possèdent les caractéristiques éducatives d'un environnement de qualité. La sensibilité se définissant comme une réponse rapide, directe et chaleureuse offrant une variété d'opportunités de communication et incluant la capacité d'identifier les besoins, les intérêts et les activités de l'enfant[4].

La relation interpersonnelle chaleureuse avec un adulte pourvoyeur de soins est essentielle au développement d'un **sentiment de sécurité intérieure chez l'enfant**. Toutefois, en service éducatif à la petite enfance, celle-ci doit s'accompagner d'une dimension éducative qui se reflète dans la mise en place d'un environnement répondant aux plus hauts critères de qualité. S'ajoute ainsi à la notion de relation interpersonnelle empreinte de sensibilité la dimension éducative. Ce que nous nommons *l'interaction éducative bienveillante.*

Encadré 2.1

La sensibilité de l'éducatrice est la capacité d'identifier les besoins des enfants, de les accompagner dans leur exploration, d'offrir des possibilités de jeux créatifs et variés et de stimuler leur développement intellectuel, langagier, social, affectif et physique en étant disponibles tout en leur offrant un matériel adapté à leur stade de développement.

L'interaction éducative bienveillante **(IÉB)** représente une nouvelle façon de penser la relation interpersonnelle entre l'éducatrice et l'enfant. L'IÉB introduit la notion de rôle éducatif et professionnel de l'éducatrice à la petite enfance tout en conservant le caractère chaleureux et empathique de la relation avec l'enfant. C'est en quelque sorte une nouvelle paire de lunettes à travers laquelle l'éducatrice observe, planifie son matériel éducatif et revient sur les occasions d'expérimentation qu'elle a proposées aux enfants afin d'évaluer leur impact sur les besoins de stimulation de chaque enfant. C'est également une nouvelle paire de lunettes permettant à l'éducatrice de mieux comprendre l'importance de son rôle éducatif dès le plus jeune âge des enfants.

---

[4] de Kruif, R.E.L., Mc William, R. A., Maher Ridley, S., & Wakely, M. B. (2000). Classification of teachers' interaction behaviors in early childhood classrooms. *Early Childhood Research Quaterly, 15*(2), 247-268.

Thelma Harms, Debbie Cryer et Richard M. Clifford (1998 et suivantes) vont même plus loin en proposant des échelles d'évaluation de la qualité de l'environnement éducatif qui sont, selon eux, des échelles de mesure de la sensibilité éducative de l'éducatrice. Ces auteurs[5] soutiennent qu'une telle éducatrice sera capable de prévoir au sein de l'environnement éducatif un aménagement répondant aux besoins de stimulation de chacun des enfants. Cet aménagement aura comme caractéristiques premières sa **prévisibilité** ainsi que **l'accessibilité de son matériel**.

Encadré 2.2

L'interaction éducative bienveillante introduit la notion de rôle éducatif et professionnel de l'éducatrice à la petite enfance tout en conservant le caractère chaleureux et empathique de la relation avec l'enfant.

Afin d'assurer la prévisibilité, et ce, à titre d'exemple, l'horaire quotidien sera affiché et respecté. L'éducatrice ajoutera à son discours des points de repère temporels afin que les enfants sachent ce qui s'en vient. Par exemple, *« nous irons jouer dehors après la collation »*, *« quand tu seras couchée sur ton matelas, je commencerai à faire la lecture du conte »* ou encore, *« maman viendra te chercher quand tu auras fini ta sieste »*. L'aménagement de l'environnement sera stable afin que l'enfant qui entre dans le local le matin y retrouve ce qu'il y a laissé la veille ou encore, y retrouve avec aisance le jeu qu'il affectionne au même endroit qu'à l'habitude.

De plus, le matériel sera accessible pour les enfants, ce qui signifie, entre autres, que les enfants pourront y accéder sans aide extérieure et sans demander l'autorisation de l'éducatrice. À titre d'exemple, le matériel sera étiqueté et rangé dans des contenants transparents, et ce, à la hauteur des enfants. Ainsi, les étagères seront ouvertes

---

[5] Harms, T., Clifford, R.M. & Cryer, D. (1998). *Early childhood environment rating scale*. Français. Traduction de Baillargeon, M. et Larouche, H. (2009). Sainte-Foy : Presses de l'Université du Québec.

Harms, T., Cryer, D & Clifford, R.M. (2009). *Infant/toddler environment rating scale*. Français. Traduction de A. Pomerleau et al. Québec : Presses de l'Université du Québec, 2009.

Harms, T., & Clifford, R.M. (1993). *Un univers à découvrir. Grille d'évaluation des services de garde en milieu familial (traduction française du Family Day Care Rating Scale; FDCRS)* (Deuxième édition revue et corrigée éd.). Québec : Publications du Québec.

et n'auront pas plus de 3 tablettes incluant celle du dessus afin de rendre accessible pour le tout-petit le matériel qui y est proposé. Le matériel sera en quantité suffisante et placé sur les étagères de manière ordonnée et sécuritaire afin d'en faciliter l'accès[6].

Ainsi, tout autant l'éducatrice que l'environnement de qualité deviennent prévisibles pour l'enfant et favorisent le développement d'un sentiment de sécurité intérieure chez celui-ci.

Un tel aménagement, inspiré du Programme High Scope et du concept d'apprentissage actif[7], répondant aux caractéristiques de *l'interaction éducative bienveillante* :

1. **Est planifié** en fonction de l'observation, de la connaissance du développement de l'enfant, de ses goûts, de ses besoins, des objectifs pédagogiques ou éducatifs visés par l'éducatrice;

2. Permet à l'enfant et aux enfants **d'expérimenter** de manière libre mais également à travers certaines activités en groupe; à l'éducatrice **d'observer pendant l'expérimentation** afin de **réajuster la planification**; et offre suffisamment de matériel afin que les enfants puissent expérimenter dans chacune des sphères de leur développement à chaque jour;

3. Permet de **revenir sur l'expérience** afin d'aider l'enfant à développer son jugement; de découvrir ses forces, ses capacités à faire seul ou accompagné selon son niveau de développement; et permet de **revoir, au besoin, la planification des activités**.

Encadré 2.3

Tout autant l'éducatrice que l'environnement de qualité deviennent prévisibles pour l'enfant et favorisent ainsi le développement d'un sentiment de sécurité intérieure chez celui-ci lui permettant d'explorer et d'apprendre.

---

[6] Harms, T., Cryer, D. & Clifford, R.M. (1998 et suivantes)

[7] Schweinhart, L. J., Montie, J., Xiang, Z., Barnett, W.S., Belfield, C.R. & Nores, M. (2005). Lifetime effects: The High/Scope Perry Preschool study through age 40. Ypsilanti, MI: High/Scope Press.

Weikart, D.P. (1969). *Ypsilanti Preschool Curriculum Demonstration Project*, Ypsilanti, MI, High/Scope Research Foundation.

3 | Proposition d'un nouveau modèle

3.1 Le processus d'apprentissage selon Vygotsky

Dès 2011, nous avons proposé un modèle psychoéducatif d'accompagnement[1] que nous adaptons pour les services éducatifs à la petite enfance. Ce modèle est principalement inspiré de l'approche historico-culturelle de Vygotsky.

L'importance de la relation à l'autre dans le processus d'apprentissage fait partie intégrante de la théorie vygotskienne. Pour Vygotsky, l'enfant est un « ***petit apprenti*** » qui apprend au contact de son environnement humain et physique. Vygotsky introduit ainsi la **notion d'accompagnement au sein de la situation d'apprentissage**.

Encadré 3.1

L'enfant est un « petit apprenti » qui apprend au contact de son environnement humain et physique.

En 1929, Vygotsky développe sa conception selon laquelle le processus d'apprentissage est avant tout un processus d'adaptation cognitif dynamique et social permettant à l'apprenant de vaincre les obstacles qui se présentent à lui.

L'apprenant tente d'intégrer les signes provenant de la culture environnante (issus de sa famille ou des personnes rencontrées hors du milieu familial) à ses connaissances antérieures afin de **construire une nouvelle connaissance qui peut alors prendre un sens dans son histoire ou son développement**. Pour Vygotsky, le langage est un des outils permettant à l'enfant de mieux intérioriser et apprivoiser la culture environnante et de mieux ancrer les apprentissages.

De plus, ce processus d'adaptation cognitif est possible dans la mesure où il **prend sa source dans une relation entre deux individus**.

---

[1] Manningham, S. & Rancourt, V. (2012). Accompagnement psychoéducatif et processus de mobilisation dans les services de garde à la petite enfance : recherche partenariale. *Revue Économie et Solidarités*. Vol.42, no 1-2, CIRIEC, Canada.

Manningham, S., Lanthier, M., Wawanoloath, M.-A. & Connelly, J.-A. (2011). *Cadre de référence en vue de soutenir la persévérance scolaire des élèves autochtones à la Commission scolaire de l'Or-et-des-Bois*. Rapport de recherche. Éditeur : LARESCO-UQAT.

Proposition d'un nouveau modèle

*Le concept de **zone proximale du développement** a été proposé par Vygotsky (1978) comme une métaphore pour décrire les échanges dynamiques entre un expert enseignant et un enfant en situation d'apprentissage*[2] et désigne la différence entre ce qu'un enfant peut réaliser seul (son niveau actuel de développement) et ce qu'il peut réaliser avec l'aide d'un adulte ou d'un pair plus compétent afin d'acquérir de nouvelles habiletés ou de nouvelles connaissances.

Pour que l'apprentissage soit réalisé par l'enfant, deux conditions sont alors requises :

1. Les expériences et explorations proposées à l'enfant doivent être ancrées dans ce que connaît l'enfant, ce qui signifie qu'elles font référence à sa culture, à sa langue maternelle, à son niveau de développement ou encore, aux expériences vécues dans sa famille;

2. « *Il faudra qu'au moins un des éléments de la situation qu'on lui propose de vivre soit susceptible de le stimuler à aller de l'avant* »[3].

3.2 Modèle psychoéducatif d'accompagnement adapté à la petite enfance[4]

La figure 3.1, page 32, illustre le modèle psychoéducatif d'accompagnement adapté à la petite enfance.

Le modèle psychoéducatif d'accompagnement adapté à la petite enfance combine le microsystème du modèle écosystémique de Bronfenbrenner et le concept de zone proximale du développement (ZPD) de Vygotsky. Cette façon de faire permet l'intégration du concept d'interaction éducative bienveillante (IÉB).

---

[2] Parent, S. & Caron, L. (2007). Les approches socioculturelles de l'intelligence. In S. Larivée (Éd.), *L'intelligence, tome 1. Les approches biocognitives, développementales et contemporaines* (pp. 251-274). Montréal : Éditions du renouveau pédagogique.

[3] Renou M. (2005). *Psychoéducation. Une conception, une méthode*. Québec : Éditions Sciences et Culture. P. 140.

[4] S. Manningham (2017)

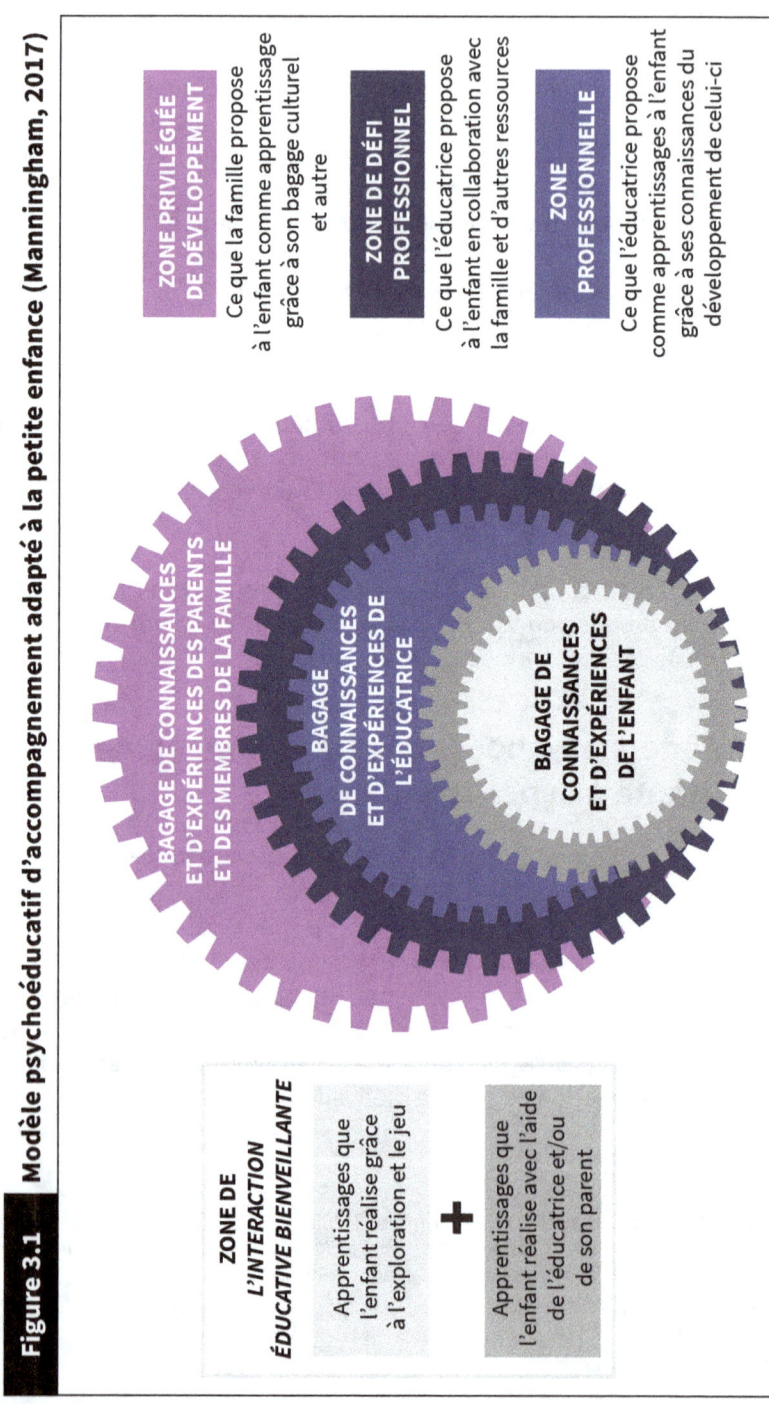

Figure 3.1 Modèle psychoéducatif d'accompagnement adapté à la petite enfance (Manningham, 2017)

Proposition d'un nouveau modèle

Au centre du modèle psychoéducatif proposé se trouve l'enfant tout comme c'est le cas dans le modèle écologique de Bronfenbrenner. Cette partie du modèle psychoéducatif est ensuite subdivisée en deux éléments intimement liés un à l'autre et reprenant de la sorte le concept de ZPD de Vygotsky :

1. les apprentissages que l'enfant réalise grâce à l'exploration et le jeu (en gris pâle);
2. les apprentissages que l'enfant réalise avec l'aide de l'éducatrice et/ou de son parent (en gris plus foncé).

Ces deux éléments constituent la **zone** dans laquelle **l'interaction éducative bienveillante** s'installe et s'exerce.

L'enfant arrive au service éducatif avec un bagage de connaissances et d'expériences acquises au sein de son milieu familial. Il entre en contact avec une éducatrice qui sera source de réconfort face aux enjeux du quotidien et qui lui proposera un éventail de défis réalisables et qui répondent à ses caractéristiques propres au plan développemental (motrice, affective, cognitive, sexuelle, langagière et sociale).

Pour ce faire, l'éducatrice observe l'enfant et planifie la mise en place d'un environnement stimulant et chaleureux lui permettant d'explorer par le jeu afin de développer ses capacités.

L'éducatrice qui vit avec l'enfant une *interaction éducative bienveillante* a donc une bonne idée du bagage unique de connaissances et d'expériences de celui-ci. Elle sait ce qu'il peut réaliser seul par l'exploration et le jeu et là où il a besoin de son accompagnement.

Elle lui propose alors des expériences riches en stimulation adaptées aux enjeux développementaux inhérents à son âge et personnalisées à ses besoins.

En plus, l'éducatrice connaît chacun des enfants de son groupe et est en mesure de proposer à chacun d'eux des défis personnalisés (*Zone de l'interaction éducative bienveillante*).

La *Zone de l'interaction éducative bienveillante* est directement liée à ce qui est identifié dans la figure 3.1, page 32, comme étant la *Zone professionnelle,* la *Zone de défi professionnel* et la *Zone privilégiée de développement*. Dans le modèle proposé, le microsystème est subdivisé en trois grandes parties :

1. la *Zone professionnelle* de l'éducatrice : les apprentissages proposés par l'éducatrice à partir de ses connaissances et de son expérience;
2. la *Zone de défi professionnel* de l'éducatrice : les apprentissages proposés par l'éducatrice en collaboration avec la famille et d'autres ressources;
3. la *Zone privilégiée de développement* : les apprentissages proposés par les parents et les membres de la famille à partir de leur bagage de connaissances et d'expériences.

L'éducatrice est responsable de la mise en place de cette interaction éducative bienveillante au service éducatif. La *Zone professionnelle* est celle dans laquelle elle évolue dans la majorité des situations. Elle y évolue avec une certaine aisance en tablant sur son bagage de connaissances et d'expériences professionnelles.

Il arrive toutefois que l'éducatrice soit confrontée à des situations du quotidien pour lesquelles elle n'a pas toujours les réponses. Cette zone est identifiée dans la figure 3.1, page 32, comme la *Zone de défi professionnel*. Une zone dans laquelle l'éducatrice rencontre des défis qui nécessitent une réflexion plus approfondie et peut-être le recours à une aide extérieure. La première ressource de l'éducatrice se trouve dans la *Zone privilégiée de développement* et nécessite une collaboration étroite avec les parents et la famille de l'enfant. Dans le modèle, nous avons illustré la collaboration entre l'éducatrice, les parents et la famille élargie de l'enfant par la ligne discontinue.

La discontinuité de la ligne permet d'illustrer que chacun des adultes entourant l'enfant, tout en ayant ses responsabilités et réalités propres afin de soutenir le développement optimal de celui-ci, occupe une place significative et complémentaire dans la réponse aux besoins du tout-petit.

4 | Démarche de réflexion et de planification

4.1 Démarche pour soutenir l'éducatrice au quotidien

Que l'éducatrice soit dans la Zone professionnelle ou dans la Zone de défi professionnel, la responsabilité quotidienne qui repose sur elle est cruciale.

C'est pourquoi nous proposons une démarche pouvant la soutenir dans le processus de réflexion et de planification inhérent à sa tâche éducative. Il s'agit d'une démarche plus analytique débutant par une situation observée par l'éducatrice.

Ainsi, la démarche peut être utilisée pour une situation du quotidien qui demande de petites adaptations et également, pour une situation demandant une plus grande réflexion ou nécessitant le recours à des services plus spécialisés pour répondre aux besoins de l'enfant. La démarche de réflexion et de planification est une démarche en trois grandes étapes qui reprennent de manière plus spécifique les composantes de *l'interaction éducative bienveillante* définies plus avant.

Encadré 4.1

Tout au long de la démarche, l'éducatrice peut choisir les modalités pouvant mieux la soutenir dans sa réflexion.

***L'interaction éducative est bienveillante** si l'éducatrice, après avoir préalablement observé une situation et identifié le besoin prioritaire :*

1. **Met en place un environnement** où elle **planifie** ses interventions (**PLANIFIER**) en fonction des besoins des enfants;

2. **Met en pratique** ses interventions (**FAIRE**) dans un environnement chaleureux et stimulant; et

3. **Fait un retour** sur les situations éducatives vécues (**REVENIR SUR**) pour faire ressortir les éléments positifs des expériences éducatives proposées et/ou les défis qu'il y a à relever.

Démarche de réflexion et de planification

L'originalité de la démarche proposée réside dans son opérationnalisation simple visant à soutenir le travail quotidien de l'éducatrice.

La démarche intègre également l'importance des ressources des parents et de la famille élargie dans la qualité de la vie de l'enfant au service éducatif.

Chacun des éléments de la démarche devient un point de repère pour une action éducative bienveillante afin d'aider l'éducatrice à prendre des décisions au quotidien, décisions qui parfois peuvent s'avérer complexes notamment dans le cas d'enfants présentant des besoins particuliers.

Chaque étape de la démarche de réflexion et de planification peut s'accomplir à l'aide des ressources personnelles de l'éducatrice telles que son expérience, ses connaissances ou ses compétences.

L'éducatrice est alors dans sa *Zone professionnelle* où elle interagit avec aisance et la démarche de réflexion et de planification vient soutenir son action éducative.

De plus, il lui est possible d'aller chercher l'aide de ressources extérieures en tout temps au cours de la démarche lorsque la situation éducative se trouve dans la *Zone de défi professionnel* de l'éducatrice.

Les ressources extérieures vont des plus simples aux plus spécialisées selon la situation éducative identifiée et les besoins de l'enfant.

Les ressources plus proximales à l'éducatrice sont les parents de l'enfant et les collègues du service éducatif à la petite enfance.

Lorsque le besoin prioritaire de l'enfant est plus complexe ou plus difficile à cerner avec les ressources existantes, le médecin de famille, les partenaires du CSLC, du centre jeunesse ou des centres de réadaptation sont des exemples de ressources plus spécialisées à consulter.

La figure 4.1 présente la démarche de réflexion et de planification qui sera détaillée par la suite à l'aide d'un exemple pratique.

Services éducatifs de qualité en petite enfance

Figure 4.1   Démarche de réflexion et de planification

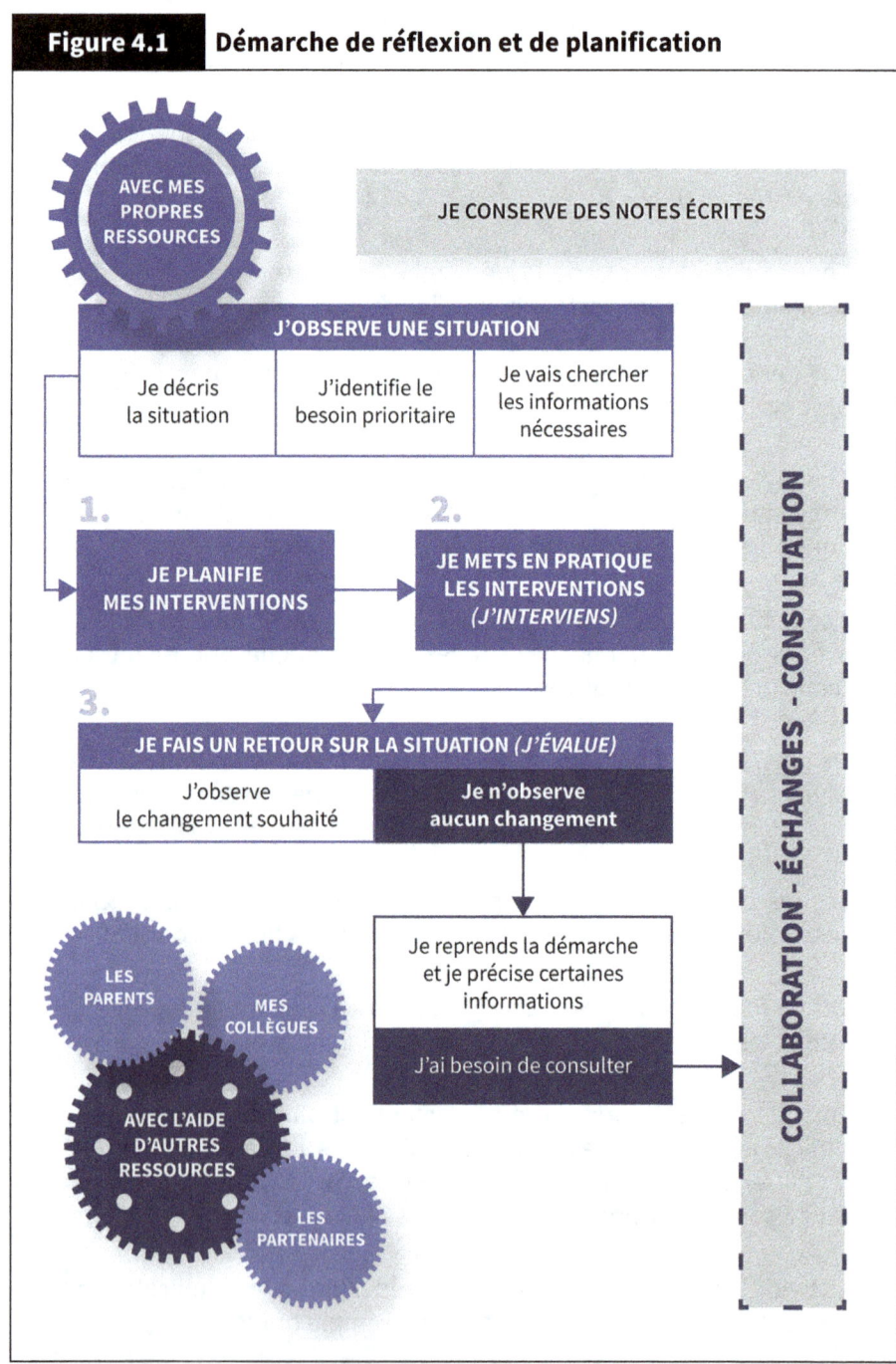

4.2 Définition des éléments et exemple pratique

4.2.1 Activité préliminaire

J'observe la situation

Avant de décider si elle se met en action avec ses propres ressources ou avec l'aide d'autres ressources, l'éducatrice identifie la situation éducative observée. Pour ce faire, elle a le choix entre les cinq options présentées dans l'encadré.

Encadré 4.2

Qu'est-ce qu'une situation éducative?

1. Un besoin de stimulation à combler chez un enfant ou dans le groupe;
2. Une pratique observée ou une intervention à approfondir;
3. Des interactions observées entre les enfants;
4. Un aménagement à réaliser ou du matériel à développer;
5. Un comportement ou une problématique observés chez un enfant ou dans le groupe.

---

a) Je décris la situation

Une fois la situation éducative identifiée, il importe de conserver des notes écrites de ses observations. Ainsi, l'éducatrice est invitée à :

1. Décrire la situation identifiée en quelques phrases;
2. Indiquer depuis quand elle perdure et sa fréquence d'apparition;
3. Préciser le rôle qui est joué par l'éducatrice ou non dans son apparition;
4. Noter les personnes impliquées;
5. Ajouter toutes les informations jugées pertinentes à sa compréhension.

4.2.2 Exemple d'une situation éducative vécue par Amélie (éducatrice)

Je décris la situation

Nom de l'enfant : Thomas V.

Date de naissance : 10-09-2014

Groupe : Les petits papillons

Éducatrice : Amélie

Sujet	Contenu
Date	11 mai 2017
Situation observée	Thomas, 28 mois, pleure beaucoup à son arrivée le matin. Il a du mal à s'engager dans les activités proposées et reste en retrait du groupe.
Moment d'apparition et fréquence	Depuis la semaine dernière et toutes les fois où c'est son père qui vient le reconduire.
Interventions réalisées	J'ai essayé de rassurer Thomas en le prenant dans mes bras et en faisant BYE-BYE à papa à la fenêtre. Je me suis assise près de lui avec son jeu préféré et j'ai débuté le jeu avec lui.
Personnes impliquées	Thomas et son père.
Toutes autres informations	Amélie discute avec le père et apprend qu'il a un nouvel emploi qui l'oblige à quitter le domicile 10 jours consécutifs. Il a ensuite 5 jours de congé et il en profite pour s'occuper de son fils en venant le reconduire. Le père est très malheureux de voir son fils pleurer lorsqu'il le laisse et ne sait pas comment réagir. Il se demande s'il doit arrêter de venir le reconduire.

Démarche de réflexion et de planification

b) J'identifie le besoin prioritaire

Après avoir décrit la situation, l'éducatrice identifie le besoin qui n'est pas répondu et qui motive le comportement de l'enfant. L'identification du besoin dit prioritaire est facilitée lorsque l'éducatrice se réfère aux cinq besoins de base définis par Maslow (1954)[1]. Maslow a hiérarchisé les besoins fondamentaux de la façon suivante [2]:

1. **Besoins physiologiques :** Respirer, boire, manger, dormir, faire ses besoins et se réchauffer;
2. **Besoins de sécurité :** Avoir un abri, avoir une sécurité du revenu, être en sécurité physique contre la violence, ressentir une sécurité morale, une stabilité familiale et une sécurité affective et sociale;
3. **Besoins d'appartenance :** Être aimé, écouté, compris, estimé des autres, faire partie d'un groupe et/ou avoir un statut :
4. **Besoins d'estime :** Avoir des projets valorisants, des opinions, des objectifs et pouvoir les exprimer et se sentir respecté;
5. **Besoins de s'accomplir :** Développer ses connaissances, ses talents et/ou ses valeurs[3].

Figure 4.2 — La pyramide de Maslow

---

[1] Maslow, A.H. (1954). *Motivation and Personality.* New York, NY : Harper & Row.

[2] Nous avons retenu certains exemples de besoins. La liste présentée n'est pas exhaustive.

[3] Ordre des psychoéducateurs et des psychoéducatrices du Québec. (2014). *L'évaluation psychoéducative de la personne en difficulté d'adaptation. Lignes directrices.* P. 40.

Selon Maslow, les besoins élémentaires, comme les besoins physiologiques, doivent être satisfaits **avant** que l'être humain cherche à répondre aux besoins de niveaux supérieurs. Toutefois, cette classification ne signifie pas que les besoins de différents niveaux ne peuvent être présents de manière simultanée dans une même situation.

Le *défi professionnel de l'éducatrice* est d'arriver à cerner le besoin prioritaire dans la situation éducative observée. Le besoin prioritaire n'est pas toujours celui qui est le plus apparent dans la situation. Pour arriver à l'identifier, il est suggéré de débuter par les besoins à la base (besoins physiologiques) et de remonter dans la pyramide. Le besoin prioritaire est celui qui motive le comportement observé. Selon la théorie de Maslow, si ce besoin n'est pas répondu en premier ou de façon prioritaire, il continuera de s'exprimer dans les comportements observés chez l'individu, et ce, malgré ce qui aura été mis en place pour soutenir le développement de la personne.

Identifier le besoin prioritaire

Le terme *besoin* est un terme employé couramment dans le langage populaire. On entend ce mot employé dans différents contextes et pour toutes sortes de raisons. Prenons par exemple les phrases suivantes : « *Mathieu a besoin d'apprendre à se contrôler* » ou encore, « *Émilie a besoin de se calmer en respirant par le nez* ». La première phrase exprime ce qui est souhaité en tant que résultat visé et la seconde, fait ressortir un moyen pour arriver à se calmer. **Afin de cerner le besoin prioritaire, l'éducatrice cherche à saisir ce qui motive les comportements observés de manque de contrôle.** Pour arriver à cerner le besoin prioritaire, nous suggérons que l'éducatrice reprenne la pyramide des besoins de Maslow et la traduise en questionnements ciblés. Les questionnements ciblés sont différents du simple « *pourquoi?* ».

Voici quelques exemples de questionnements ciblés selon le besoin prioritaire à identifier. En répondant par la positive à un de ces questionnements, l'éducatrice peut arriver à identifier ce qui motive le comportement de l'enfant et ensuite, planifier son intervention.

1. Besoins physiologiques :

    « *Est-ce que Mathieu a suffisamment mangé ce matin?* »

    « *Émilie dort-elle bien ces temps-ci?* »

Démarche de réflexion et de planification

2. Besoins de sécurité :

   « Y a-t-il des changements dans la routine familiale de Mathieu? »

   « Émilie est-elle affectée par la séparation de ses parents? »

3. Besoins d'appartenance :

   « Le rôle que joue Mathieu dans le groupe est-il encore satisfaisant pour lui? »

   « Est-ce que je suis aussi chaleureuse, disponible et attentive avec les enfants depuis un certain temps? »

4. Besoins d'estime :

   « Est-ce que je parle avec les parents de Mathieu des progrès qu'il a réalisé depuis quelques mois? »

   « Est-ce que mon organisation du dîner permet que je laisse du temps à Émilie pour échanger avec ses amis à la table? »

5. Besoins de s'accomplir :

   « Mathieu réussit-il à réaliser le découpage des formes comme c'est attendu à son âge? »

   « Émilie peut-elle utiliser ses talents en danse pour développer ses habiletés d'autocontrôle? »

Encadré 4.3

Le défi professionnel de l'éducatrice est d'arriver à cerner le besoin prioritaire motivant le comportement de l'enfant dans la situation éducative observée

---

Dans la situation présentée en exemple, Amélie croit que le nouvel horaire familial imposé par le travail de son père a déstabilisé la routine de Thomas et que celui-ci a besoin de se sentir sécurisé. Quant à Amélie, elle aimerait pouvoir planifier l'arrivée de Thomas afin de demeurer attentive aux autres enfants.

4.2.3 Exemple d'une situation éducative vécue par Amélie (éducatrice) :

J'identifie le besoin prioritaire

Questionnements	*Thomas vit-il des changements qui ont un impact sur sa routine du matin ?*
Besoin identifié	*Thomas a besoin d'être sécurisé face aux changements vécus.*

Besoin prioritaire et champs de développement

Un autre défi rencontré par l'éducatrice dans son travail est d'arriver à identifier le besoin prioritaire tout en précisant quel champ de développement est sollicité dans la situation éducative et quelle activité permettra de répondre à ce besoin.

Plus l'enfant est jeune et plus la réponse aux besoins identifiés proviendra de l'environnement physique et humain. Ainsi, pour se sentir en sécurité, l'enfant a besoin que le parent ou l'éducatrice réponde de manière régulière et congruente à ses demandes. Par la suite, l'espace-temps créé entre le moment où le tout-petit exprime son besoin et la réponse à celui-ci, lui permettra d'attendre et d'avoir la conviction que la réponse viendra. Cet espoir est assuré quand la réponse est ajustée à la capacité de l'enfant de trouver en lui-même le réconfort, ce qu'on appelle la sécurité fondamentale qui est la base de la confiance et de l'équilibre de tout être humain. Riche de ces expériences d'interactions éducatives bienveillantes, l'enfant intériorisera un sentiment de confiance et de sécurité qu'il portera en lui pour faire face aux situations nouvelles. Cet apprentissage se fera sur plusieurs mois voire plusieurs années.

Certaines expériences vécues par l'enfant au sein de sa famille ou encore, dans un environnement éducatif plus stressant, peuvent faire ressurgir des manifestations d'insécurité. L'enfant ne pourra vraisemblablement pas nommer cette insécurité ressentie. Toutefois, l'éducatrice pourra l'observer dans l'agitation motrice de l'enfant, un caractère plus maussade qu'à l'habitude, des conflits plus présents qu'à l'habitude, etc.

Démarche de réflexion et de planification

Prenons maintenant un autre exemple, celui des besoins d'appartenance et plus spécifiquement le besoin de faire partie d'un groupe. Un enfant de 2 ans qui mord, frappe ou crache alors qu'il est frustré par un autre ami qui lui a pris son jouet ne sera pas le bienvenu au sein d'un groupe. L'éducatrice sait qu'elle doit accompagner cet enfant afin qu'il développe les habiletés pro sociales et également ses habiletés langagières afin qu'il puisse arriver à exprimer verbalement ses demandes ou sa frustration. Elle agira dès l'apparition des signes indésirables de la frustration de l'enfant pour lui signifier que ce comportement n'est pas accepté et mettra en place une intervention permettant à l'enfant d'intérioriser de nouveaux schèmes d'action.

Cet exemple n'a rien de banal car l'enfant prendra l'éducatrice et son parent comme modèle d'interactions au plan social. Ainsi, signifier à l'enfant que le comportement n'est pas accepté veut dire ici : se rapprocher physiquement de l'enfant, se mettre à son niveau, lui parler doucement en nommant l'émotion par exemple : « *tu es fâché parce que Pierre a pris ta petite voiture* », et ensuite, en disant : « *tu peux dire à Pierre, donne-moi ma voiture* ». Ainsi, l'éducatrice met l'accent sur le comportement à adopter plutôt que sur celui qui doit être arrêté et propose des mots pour représenter l'émotion ressentie. Elle place l'enfant dans une *interaction éducative bienveillante* puisqu'elle apporte un soutien approprié en fonction de l'âge de l'enfant et de ses habiletés actuelles. L'éducatrice comprend que le comportement de l'enfant est attendu à cet âge et qu'il ne pourra arrêter ce comportement que si elle lui offre les outils du langage pour le faire et intérioriser une nouvelle habileté. L'éducatrice répond alors au besoin prioritaire de l'enfant (besoin d'appartenance) tout en aidant l'enfant à développer de nouvelles habiletés (habiletés langagières et habiletés pro sociales).

c) Je vais chercher les informations nécessaires

La collecte d'informations permet de répondre aux questions suscitées par la situation :

1. Est-ce une situation nouvelle pour l'enfant ?
2. Est-ce que ce que l'éducatrice observe est habituel chez un enfant de cet âge ?
3. A-t-elle déjà connu une situation de ce genre dans le passé ?

4. Quel est le sens des comportements de l'enfant dans la situation familiale actuelle?
5. Comment l'éducatrice peut-elle contribuer à ce que le comportement s'atténue ou disparaisse?
6. Comment l'éducatrice peut-elle contribuer au développement d'un nouveau comportement?

Deux méthodes complémentaires s'offrent à l'éducatrice afin de réaliser une collecte d'informations pertinentes à la situation éducative identifiée. Elle peut trouver des réponses par la **lecture de documentation** dans des revues spécialisées s'adressant aux éducatrices à la petite enfance, sur les sites internet d'organismes reconnus comme étant pertinents dans le monde de la petite enfance, dans des livres ou encore dans des revues scientifiques spécialisées en petite enfance.

La seconde méthode proposée est celle de **l'observation directe et ciblée des comportements**. L'éducatrice peut utiliser un outil-maison conçu par elle-même ou une collègue afin de cibler un comportement en particulier. Il existe également des outils validés qui permettent de comparer les observations réalisées par l'éducatrice auprès d'un enfant à ce qui est attendu chez tous les enfants de cet âge. Certains outils validés nécessitent une formation avant d'être utilisés[4]. Dans ce cas, l'éducatrice peut faire appel à une personne extérieure afin de réaliser l'observation. Il existe également des outils d'observation qui contiennent un volet d'observation à la maison que les parents peuvent compléter afin de dresser un portrait plus global des comportements de l'enfant.

La collecte des différentes informations permet à l'éducatrice **de formuler une hypothèse de compréhension** de la situation éducative concernée. C'est en formulant son ou ses hypothèses que l'éducatrice saura si elle se trouve dans la *Zone professionnelle* où elle peut, à l'aide de ses connaissances et de son expérience, répondre à la situation vécue. Elle saura également si elle se trouve dans *la Zone de défi professionnel* où elle aura besoin de soutien extérieur.

---

[4] Par exemple : Le Profil socio-affectif (PSA) (1997) de Lafrenière, P.J., Dumas, J.E., Capuano, F. et Durning, P. qui est un outil d'évaluation des compétences sociales d'un enfant.

Le Peabody Picture Vocabulary Test, Fourth Edition (PPVT™ -4) (2007) de Dunn, L.M., PhD et Dunn, D.M., PhD qui est un test d'évaluation du vocabulaire réceptif.

Démarche de réflexion et de planification

4.2.4 Exemple d'une situation éducative vécue par Amélie

Je vais chercher les informations nécessaires

Sujet	Contenu
Informations	Lors du dernier congrès auquel Amélie a participé : • Une éducatrice a dit qu'elle permet aux parents d'entrer dans le local et de débuter une activité avec leur enfant le matin. • Une directrice a dit que c'était obligatoire dans son CPE que les parents restent 10 à 15 minutes avec leur enfant le matin. Ils doivent le prévoir dans leur horaire. • Amélie a lu un article qui traite des difficultés que peuvent vivre certains enfants lorsque des transitions sont vécues dans leur famille. • Amélie se souvient de ce qu'elle a appris lors de sa formation concernant l'âge où les enfants peuvent vivre difficilement la séparation avec leurs parents.
Hypothèses	• Amélie croit que le comportement de Thomas s'atténuera car il n'a jamais démontré de signes d'inquiétudes lors des séparations avec ses parents avant ce changement de travail du père et des routines familiales. • Amélie croit que Thomas peut, avec l'aide de son père, traverser ce moment de déséquilibre.

Je planifie mes interventions

La planification de l'intervention est une étape cruciale qui permet de répondre aux questions suivantes, et ce, en fonction de l'hypothèse ou des hypothèses formulées :

1. À qui s'adresse cette activité?
2. Quel est l'objectif de mon intervention?
3. Qui seront les personnes responsables de l'intervention ou de l'activité?
4. Quelles sont les ressources nécessaires pour la mise en pratique de l'intervention?
5. Quel est le matériel dont j'aurai besoin?
6. À quel moment se déroulera l'activité?
7. À quel endroit se déroulera l'activité?
8. Quelles sont les procédures et les règles qui seront mises en place afin d'assurer la bonne marche de l'activité?
9. Combien de temps durera l'activité ou l'intervention?

Les qualités d'une bonne planification sont avant tout, son caractère réaliste et sa clarté. Plus la planification sera réaliste et claire et plus il sera facile de mettre en place l'activité. Outre ces points, plus la planification sera précise et plus il sera facile de revenir sur l'expérience vécue pour en faire ressortir les points forts et les points sur lesquels il est possible de proposer des modifications. Ainsi, il n'est pas nécessaire de toujours reprendre la démarche à partir du début.

4.2.5 Exemple de planification – situation vécue par Amélie

Sujet	Contenu
Pour qui	Thomas et son père
Objectifs	Permettre à Thomas de vivre sereinement le départ de son père
Responsables	Amélie et le père de Thomas
Ressources	Aucune

Démarche de réflexion et de planification

Sujet	Contenu
Matériel nécessaire	Le jeu préféré de Thomas
Quand	Tous les matins, à l'arrivée au service avec son père.
Où	Au local d'accueil des enfants
Procédures	• Le père entrera dans le local et débutera un jeu avec son fils pour une période variant entre 10 et 15 minutes. • Après quelques minutes, le père invitera des amis du groupe à se joindre à eux. • Quand le jeu sera bien amorcé, le père quittera le local en faisant la bise à son fils, et ce, sans déranger le jeu. Le père dira à Thomas qu'il viendra le chercher lorsqu'il jouera à l'extérieur dans l'après-midi (après le dîner et la sieste).
Durée	Pour la semaine qui vient.

Je mets en pratique les interventions

La mise en pratique des interventions planifiées en fonction de la ou des hypothèses émises permet de vivre avec l'enfant ou les enfants une situation éducative modifiée en fonction de leurs besoins qui ont été préalablement identifiés. Tout au long de la mise en pratique, l'éducatrice demeure attentive et observe si les modifications apportées à l'environnement permettent ou non un changement dans la situation. Il importe d'écrire ces observations rapidement après la fin de l'intervention dans le dossier au nom de l'enfant ou dans un journal de bord.

De la sorte, l'éducatrice pourra plus facilement faire un retour sur son intervention en fonction, non seulement de son souvenir mais surtout, des faits.

Cette phase de la démarche nécessite chez l'éducatrice les capacités de vivre le moment présent avec l'enfant ou son groupe avec ce que cela comporte d'énergie et de plaisir partagé tout en demeurant alerte et en observation. Cette phase permet de répondre aux questions suivantes :

1. Est-ce que le matériel proposé intéresse l'enfant ou les enfants?
2. Si oui, pour combien de temps?
3. Sinon, comment pourrais-je modifier en cours d'activité le matériel proposé?
4. Le moment et/ou le lieu choisis sont-ils propices à mon objectif d'activité?
5. Si un autre intervenant est impliqué, celui-ci respecte-t-il la procédure entendue au préalable?
6. Si plusieurs enfants sont visés par l'intervention, y a-t-il des enfants qui sont moins intéressés par le contenu? Certains nécessitent-ils un soutien particulier?
7. Est-ce que je dois réajuster mon intervention avant le délai prévu?

4.2.6 Exemple d'observation en cours d'intervention – situation vécue par Amélie

Observations lors de l'intervention	
Jour 1	Le père est entré dans le local et ne savait pas quel était le jeu préféré de son fils. Une fois le jeu choisi avec Thomas, les 2 se sont mis à jouer et d'autres enfants se sont joints à eux spontanément. Le père a quitté après 15 minutes et, comme prévu, Thomas l'a suivi des yeux et est revenu à son jeu et ses amis. Le père a oublié de dire quand il reviendrait chercher son fils.

Démarche de réflexion et de planification

	Observations lors de l'intervention
Jour 1 (suite)	Quelques minutes après le départ de son père, Thomas a demandé où était son père. Amélie lui dit que papa reviendra après la sieste de l'après-midi quand Thomas jouera avec ses amis dehors. Thomas retourne à son jeu. Amélie n'a pas pu être aussi attentive aux autres enfants car elle était inquiète de la réaction des autres enfants face à la présence d'un autre adulte dans le local.
Jour 2	Amélie a sorti le jeu et l'a posé sur une table. Elle rappelle au père la procédure lorsqu'il quitte. L'activité se déroule comme celle de la veille. Amélie remarque que le père est plus souriant et détendu lui aussi. Il quitte tel que prévu. Thomas délaisse son jeu et accompagne son père jusqu'à la porte. Thomas revient à son jeu et à ses amis.
Jour 3	Pas de nouvelles observations Le père s'informe du comportement de son fils après son départ et semble rassuré.
Jour 4	Pas de nouvelles observations
Jour 5	Pas de nouvelles observations

Je fais un retour sur la situation

Le retour sur la situation est une phase nécessaire de la démarche de réflexion et de planification qui peut facilement être omise par l'éducatrice, et ce, surtout si elle voit que la situation éducative sur laquelle elle est intervenue se résorbe. Toutefois, il paraît essentiel afin d'assurer à l'éducatrice une compréhension plus exacte des besoins de l'enfant ou des enfants visés en termes d'apprentissages réalisés ou à réaliser.

C'est à ce moment que l'éducatrice constate ce que l'enfant sera capable de faire seul et là où il aura besoin d'elle : *Zone de l'interaction éducative bienveillante*. C'est aussi à ce moment qu'elle pourra mieux saisir ce qui a aidé dans ses connaissances et son expérience professionnelle afin de faire en sorte que l'enfant progresse (zone professionnelle). De plus, si la situation ne se résorbe pas, ce retour sur la situation lui permet d'entrer dans sa *Zone de défi professionnel* et de juger si elle doit poursuivre avec sa propre expérience, consulter la famille ou ses collègues ou encore, faire appel à un professionnel extérieur.

Le retour sur la situation lui permet de répondre aux questions suivantes dans le cas où l'intervention n'a pas permis d'observer de changement significatif :

1. Est-ce que les informations recueillies étaient suffisantes pour planifier une intervention facilitant l'apprentissage chez l'enfant ou les enfants?
2. Est-ce que mes hypothèses de départ sont validées ou non?
3. Est-ce que le besoin prioritaire identifié a été répondu ou non?
4. Est-ce que l'intervention a permis d'observer le changement prévu chez l'enfant ou les enfants?
5. Ai-je besoin d'informations supplémentaires afin de planifier une nouvelle intervention?
6. Ai-je besoin de rencontrer les parents pour les informer, aller plus loin ou pour les rassurer?
7. Ai-je besoin de consulter un professionnel afin d'aller plus loin?

4.2.7 Exemple d'un retour sur la situation – situation vécue par Amélie

Retour sur la situation
Les besoins identifiés ont été répondus : • Thomas a retrouvé sa sécurité personnelle et sa bonne humeur lors de son arrivée. Les hypothèses se sont validées : • L'intervention a permis à Thomas de se calmer.
Actions à poser
• Amélie rencontre le père pour lui dire que l'intervention posée a permis à son fils de débuter la journée en étant calme. • Amélie invite le père à reprendre l'intervention lors de son prochain congé afin de s'assurer que le nouveau comportement est bien assimilé.

J'ai besoin de consulter

Lorsque l'éducatrice fait le retour sur l'intervention et qu'elle n'observe pas de changement significatif, il se peut qu'elle doive prendre la décision de consulter. Deux motivations peuvent l'amener à vouloir consulter :

1. Elle réalise que l'enfant pour lequel l'intervention a été planifiée présente des besoins qui sont différents de ceux observés chez les enfants de son âge;
2. Il se peut également que ce soit parce que la famille requiert un soutien extérieur ponctuel ou à plus long terme pour agir en fonction des besoins de leur enfant.

Le chapitre 5 approfondit une démarche de soutien au travail de l'éducatrice auprès des enfants présentant des besoins particuliers. Cette démarche s'enrichit d'un protocole d'intervention à suivre afin de faciliter les décisions de l'éducatrice.

4.3 Annexe : Démarche de réflexion et de planification — Outil de référence

DÉMARCHE DE RÉFLEXION ET DE PLANIFICATION

NOM DE L'ENFANT : _____

ÂGE : _____

GROUPE : _____

ÉDUCATRICE RESPONSABLE : _____

J'OBSERVE LA SITUATION

A) JE DÉCRIS LA SITUATION

DATE : _____

SITUATION OBSERVÉE : _____

MOMENT D'APPARITION ET FRÉQUENCE : _____

INTERVENTIONS RÉALISÉES : _____

PERSONNES IMPLIQUÉES : _____

TOUTES AUTRES INFORMATIONS : _____

Démarche de réflexion et de planification

B) J'IDENTIFIE LE BESOIN PRIORITAIRE

QUESTIONNEMENT

BESOIN IDENTIFIÉ

C) JE VAIS CHERCHER LES INFORMATIONS NÉCESSAIRES

INFORMATIONS

HYPOTHÈSES

Services éducatifs de qualité en petite enfance

JE PLANIFIE MES INTERVENTIONS

POUR QUI _____

OBJECTIFS _____
_____
_____
_____

RESPONSABLES _____

RESSOURCES _____
_____

MATÉRIEL NÉCESSAIRE _____
_____

QUAND _____

OÙ _____

PROCÉDURES _____
_____
_____
_____
_____
_____

DURÉE _____

Démarche de réflexion et de planification

JE METS EN PRATIQUE LES INTERVENTIONS

DATE　　　　OBSERVATIONS :

JE FAIS UN RETOUR SUR LA SITUATION

RETOUR SUR LA SITUATION

ACTIONS À POSER

5 | Démarches pour soutenir l'éducatrice dans son travail auprès des enfants présentant des besoins particuliers

Plusieurs mesures sont mises en œuvre au Québec par le Ministère de la Famille afin de faciliter l'intégration des enfants présentant des besoins particuliers aux services éducatifs à la petite enfance. Un des principes fondamentaux du programme des services éducatifs à la petite enfance du Québec est que *chaque enfant est unique*. Ce qui signifie que le service éducatif à la petite enfance a le devoir de permettre à chaque enfant de se développer au meilleur de son potentiel qu'il ait des besoins psychosociaux, qu'il soit handicapé ou issu de milieux défavorisés. Le ministère définit l'intégration *comme le processus qui consiste à fournir à l'enfant les moyens qui lui permettront de vivre des expériences sociales en vue d'acquérir l'autonomie en favorisant le respect, la dignité, l'exercice du choix ou toute autre expérience valorisée faisant partie de la qualité de vie d'une personne* (Ministère de la Famille, 2017, p. 7).

Certains enfants sont déjà soutenus par un plan de services[1] au moment de leur inscription au service éducatif à la petite enfance. L'éducatrice est alors responsable du suivi du plan de services établi en concertation avec les parents et les professionnels de l'enfant qui fréquente son groupe.

Dans d'autres situations, le service éducatif à la petite enfance jouera un rôle de dépistage de problématiques pouvant désavantager l'enfant dans sa maturité scolaire et sa réussite éducative. La **maturité scolaire** est définie comme étant le degré de préparation des enfants au moment de commencer l'école (CIUSSS du Centre-Sud-de-l'Île-de-Montréal)[2]. Elle est divisée en cinq domaines :

- Santé physique et bien-être : développement physique général, motricité fine et globale, préparation physique pour entamer la journée d'école, propreté, ponctualité et état d'éveil;
- Compétences sociales : habiletés sociales et confiance en soi, sens des responsabilités, respect des pairs, des adultes, des règles et des routines de la classe, habitudes de travail, autonomie et curiosité;
- Maturité affective : comportement pro social et entraide, crainte et anxiété, comportement agressif, hyperactivité et inattention, expression des émotions;

---

[1] Direction de l'accessibilité et de la qualité des services de garde. Ministère de la Famille (2017). *Intégration d'un enfant handicapé en service de garde. Cadre de référence et marche à suivre.* Gouvernement du Québec.

[2] Site consulté le 5 juin 2017

Démarches pour soutenir l'éducatrice dans
son travail auprès des enfants présentant des besoins particuliers

- Développement cognitif et langagier : intérêt et habiletés en lecture, en écriture et en mathématiques, utilisation adéquate du langage;
- Habiletés de communication et connaissances générales : capacité à communiquer de façon à être compris, articulation claire, capacité à comprendre les autres, connaissances générales.

La **réussite éducative** englobe tout autant les dimensions de réussite scolaire liées à l'atteinte des objectifs académiques que les dimensions de réussite au plan personnel.

Pour les enfants vivant en contexte de vulnérabilité, la qualité de l'environnement du service éducatif à la petite enfance[3] et la relation interpersonnelle établie avec une éducatrice soucieuse de mettre en place une interaction éducative bienveillante feront la différence quant à son adaptation future à l'école et à son adaptation psychosociale[4]. Il importe alors de mieux cerner la démarche de réflexion et de planification afin de proposer au sein de l'environnement éducatif des actions permettant le plein développement du potentiel de chaque enfant. De plus, dans ces cas particuliers, il devient primordial pour l'éducatrice de consulter en vue de mettre en place des actions concertées.

---

[3] Deaning, E., Mc Cartney, K. and Taylor, B.A. (2009). Does higher quality early child care promote low-income children's math and reading achievement in middle childhood? *Child Development, Sep-Oct; 80(5):* 1329-1349.

Peisner-Feinberg, E., Burchinal, M., Clifford, R.M., Culkin, M., Howes, C., Kagan, S. L., & al. (2001). The relation of preschool child-care quality to children's cognitive and social development trajectories through second grade. *Child Development, 72*(5), 1534-1553.

Vandell, D.L., Belsky, J., Burchinal, M., Vandergrift, N. & Steinberg, L., NICHD Early Child Care Research Network (2010). Do Effects of Early Child Care Extend to Age 15 Years? Results From the NICHD Study of Early Child Care and Youth Development. *Child Development, May-Jun; 81(3):* 737-756.

[4] Burchinal, M., Howes, C., Pianta, R. C., Bryant, D., Early, D. & Clifford, R.M. (2008). Predicting child outcomes at the end of kindergarten from the quality of pre-kindergarten teacher-child interactions and instruction. *Applied Developmental Science, 12*, 140–153.

Côté, S.M., Mongeau, C., Japel, C., Xu, Q., Séguin, J.R. et Tremblay, R.E. (2013). Child care quality and cognitive development: trajectories leading to better preacademic skills. *Child Development, Mar-Apr; 84 (2),* 752-766.

Howes, C., Burchinal, M., Pianta, R. C., Bryant, D., Early, D., Clifford, R.M. & Barbarin, O. (2008). Ready to learn? Children's pre-academic achievement in pre-kindergarten programs. *Early Childhood Research Quarterly, 23,* 27–50.

Williford, A.P., Vick Whittaker, J.E., Vitiello, V.E. & Downer, J.T.. (2013). Children's Engagement within the Preschool Classroom and Their Development of Self-Regulation. *Early Education Development, Jan 1; 24(2) :* 162-187.

5.1 Les enfants présentant des besoins particuliers identifiés au moment de l'inscription

Les enfants avec des besoins particuliers sont le plus souvent intégrés aux activités quotidiennes de tout le groupe d'enfants fréquentant le service éducatif à la petite enfance. Quelques fois, les enfants sont identifiés dès leur inscription par les parents au service éducatif. L'enfant est alors porteur d'un diagnostic précisant ses besoins particuliers.

> *Un enfant handicapé est défini comme un enfant ayant une déficience entraînant une incapacité significative et persistante et qui est sujet à rencontrer des obstacles dans sa démarche d'intégration chez un prestataire de services de garde. Son incapacité doit être attestée par un professionnel reconnu par le Ministère.[5]*

À ce moment, les parents et l'enfant reçoivent du soutien du Centre intégré de santé et de services sociaux (CISSS) ou du Centre intégré universitaire de santé et de services sociaux (CIUSSS) de leur région[6]. Le soutien offert par le Centre intégré s'étend parfois aux heures de fréquentation de l'enfant au service éducatif à la petite enfance. **L'éducatrice devient alors une collaboratrice au travail réalisé par le professionnel ou le technicien qui intègre certaines activités quotidiennes de son groupe. Ce travail de collaboration au mieux-être d'un enfant aux besoins particuliers fréquentant un groupe est très riche en découvertes et en expériences tout en pouvant être empreint de certaines inquiétudes de la part de l'éducatrice**[7]. Il pourrait arriver des situations où certains questionnements apparaissent de la part de l'éducatrice comme de la part des intervenants du Centre intégré.

---

[5] Ministère de la Famille (2017). *Intégration d'un enfant handicapé en service de garde. Cadre de référence et marche à suivre.* Direction de l'accessibilité et de la qualité des services de garde. Gouvernement du Québec.

[6] Ces services sont ceux offerts dans la province de Québec (Canada)

[7] Julien-Gauthier, F, Legendre, M.P. & Lévesque, J. (2015) Julien-Gauthier, F. & Jourdan-Ionescu, C. (dir.). (2015). Résilience assistée, réussite éducative et réadaptation. Québec : Livres en ligne du CRIRES. http://lel.crires.ulaval.ca/public/resilience.pdf. *Chapitre 3 : Accroître la résilience des éducatrices en services de garde qui accueillent un enfant ayant un retard global de développement.* pp. 34-48

Démarches pour soutenir l'éducatrice dans son travail auprès des enfants présentant des besoins particuliers

Prenons un exemple simple concernant l'horaire planifié par l'éducatrice en fonction des besoins des enfants fréquentant son groupe. Il peut arriver que cet horaire ne convienne pas à l'horaire du professionnel ou du technicien du Centre intégré.

Ainsi, si les enfants sont à la sieste entre 12 h 30 et 14 h 30 (heures approximatives) et que le professionnel a planifié une activité à 13 h 15 avec l'enfant ayant des besoins particuliers, quel sera l'horaire qui sera privilégié? Qui devra s'assurer que les besoins physiologiques de l'enfant concerné par l'intervention et ceux de tous les autres enfants demeurent prioritaires?

Notre réponse est que c'est habituellement les deux professionnels qui prennent le temps d'échanger et de comprendre la réalité de l'un et de l'autre. Les deux ayant à cœur les besoins des enfants d'âge préscolaire qui priment sur les arrangements possibles.

En effet, la sieste étant un moment de repos essentiel à la santé et où les enfants peuvent s'abandonner en toute sécurité à un sommeil réparateur, aucun élément extérieur ne devrait venir entraver ce moment de vie au service éducatif.

Advenant le cas où cette collaboration n'est pas encore initiée, **la responsabilité revient alors à l'éducatrice d'affirmer les besoins des enfants sous sa garde** et de limiter l'accès aux intervenants de l'externe à des moments comme celui de la sieste. Cette responsabilité est partagée avec les parents qui sont partie prenante du plan de services mis en place et dont le dénominateur commun est le bien-être de l'enfant.

Quoique plusieurs références existent afin de documenter le travail de l'éducatrice à la petite enfance auprès des enfants présentant des besoins particuliers qui sont identifiés lors de leur inscription, cette documentation ne permet pas toujours de soutenir le travail de l'éducatrice qui partage le quotidien de l'enfant.

De plus, la prévention et le dépistage de problématiques psychosociales ou encore, de problématiques d'ordre neurologique n'ayant pas été diagnostiquées avant l'entrée de l'enfant au service éducatif sont une réalité pour l'éducatrice à la petite enfance.

5.2 Les enfants présentant des besoins particuliers non identifiés au moment de l'inscription

En 2011[8], un à deux enfants québécois sur dix enfants âgés entre 3 et 5 ans présentent des **difficultés relationnelles de modérées à sévères avec les autres enfants** (16 %)[9], des **problèmes d'hyperactivité et d'inattention** (15 %)[10] ou des **difficultés socioaffectives** (11 %)[11].

Même si 1 à 2 enfants sur 10 enfants québécois présentant ces difficultés n'équivaut possiblement pas à 1 ou 2 enfants par groupe d'enfants inscrits en service éducatif à la petite enfance, ces chiffres révèlent l'importance du dépistage et des interventions préventives visant à mieux préparer l'enfant pour son entrée à l'école.

Les actions professionnelles de l'éducatrice à la petite enfance deviennent ainsi essentielles à la santé et au mieux-être des enfants. La petite enfance est une période clé dans le développement de l'enfant. C'est la période où l'enfant développera les habiletés qui le prépareront à sa vie sociale et sa vie scolaire futures.

Les services éducatifs à la petite enfance jouent le rôle de lieux privilégiés de dépistage et de prévention du développement de problématiques plus sévères. Cette visée exige un travail de concertation avec l'équipe du service éducatif et de collaboration avec les parents.

La figure 5.1 propose une vue d'ensemble de la démarche de collaboration, d'échanges et de consultation proposée qui sera reprise à l'aide d'un exemple dans ce chapitre.

---

[8] Ministère de la Famille (2014). *Regard statistique sur les jeunes enfants au Québec*. Juin. Gouvernement du Québec

[9] **Difficultés relationnelles de modérées à sévères avec les autres enfants :** Enfant solitaire, tendance à jouer seul, peu ou pas d'amis, moins aimé des autres enfants, s'entend mieux avec les adultes qu'avec les autres enfants.

[10] **Problèmes d'hyperactivité et d'inattention :** Tendance à être agité, turbulent, hyperactif, facilement distrait, difficulté à se concentrer, impulsif.

[11] **Difficultés socioaffectives :** Est mal à l'aise dans des situations nouvelles, a de nombreuses peurs et est facilement effrayé, est soucieux ou malheureux, pleure.

Démarches pour soutenir l'éducatrice dans
son travail auprès des enfants présentant des besoins particuliers

Figure 5.1 **Démarche de collaboration, d'échanges et de consultation**

Tout au long de la démarche, l'éducatrice peut choisir les modalités pouvant mieux la soutenir dans sa réflexion

AVEC L'AIDE D'AUTRES RESSOURCES

MES COLLÈGUES
- Par une discussion avec une collègue ou en équipe
- Par du soutien pour accomplir une ou des étapes de la démarche

LES PARENTS
- Par des discussions planifiées
- Par des rencontres concertées

LES PARTENAIRES
- Pour avoir un avis de professionnels ou d'experts dans le domaine
- Investiguer Dépister Diagnostiquer
- Recevoir un soutien spécialisé

5.3 Démarche de collaboration, d'échanges et de consultation

La démarche de collaboration, d'échanges et de concertation est suggérée afin de soutenir le travail de l'éducatrice lorsque celle-ci se trouve dans la *Zone de défi professionnel* et que les situations éducatives rencontrées avec certains enfants nécessitent une aide extérieure ou une aide plus spécialisée. Tout au long de la démarche, l'éducatrice peut choisir les modalités pouvant mieux la soutenir dans sa réflexion.

Toutefois, compte tenu du nombre élevé d'enfants âgés entre 3 et 5 ans qui présentent des difficultés ou des problèmes au plan psychosocial *non identifiés au moment de l'inscription de l'enfant au service éducatif*, **il est important que l'éducatrice se sente pleinement appuyée lorsqu'elle entreprend une telle démarche. Elle doit également se donner des limites dans les possibilités d'aide qu'elle peut apporter à certains enfants et à leur famille.**

Le défi rencontré par l'éducatrice est d'évoluer avec l'enfant qui présente des **besoins particuliers non identifiés** et sa famille tout en gardant le souci de son groupe et des besoins de chacun des enfants.

Chaque situation vécue par un enfant et une famille présentant des besoins particuliers non identifiés est unique. Ainsi, elle doit être analysée individuellement. Il importe également que l'éducatrice arrive à cerner ce qui distingue un événement isolé ou ponctuel d'une situation fréquente où une intervention concertée est nécessaire. Ainsi, à quel moment l'éducatrice sait : qu'elle peut demander l'aide d'autres ressources? Que le comportement d'un enfant témoigne d'un problème plus sérieux? Ou encore, que le silence de certains parents est un signal de détresse?

La mise en place d'un cadre structurant le dépistage et l'intervention permettra d'offrir un soutien approprié au travail de l'éducatrice à la petite enfance. Le Modèle Iowa, qui propose un cadre afin de structurer l'intervention en cinq grandes étapes, est considéré dans le domaine scolaire et le domaine du nursing[12] comme une pratique

---

[12] Wood, Frank H., Smith, Carl R., Grimes, J. & Iowa Special Education Division (1985). *The Iowa Assessment Model in Behavioral Disorders: A Training Manual*. Des Moines, Iowa State Department of Public Instruction.

Démarches pour soutenir l'éducatrice dans son travail auprès des enfants présentant des besoins particuliers

scientifiquement éprouvée. Ce modèle n'est pas directement applicable en petite enfance. Toutefois, avec quelques modifications mineures que nous proposons, le modèle Iowa peut contribuer à structurer l'intervention en petite enfance lorsqu'un enfant présente des besoins particuliers non identifiés lors de son inscription.

Les étapes du Modèle Iowa présentées à la figure 5.2 sont schématisées tel un escalier comprenant 5 paliers d'intervention afin d'être adaptées à la réalité du service éducatif à la petite enfance.

Ainsi, il n'est pas nécessaire de se rendre au 5e palier si les besoins de l'enfant sont répondus et que les résultats sont atteints au 1er palier par exemple. La présentation schématique du modèle permet à l'éducatrice d'anticiper les étapes à venir lorsqu'elle côtoie un enfant présentant des besoins particuliers et sa famille tout en suggérant une gradation possible dans les moyens à mettre en place afin de répondre aux besoins de l'enfant.

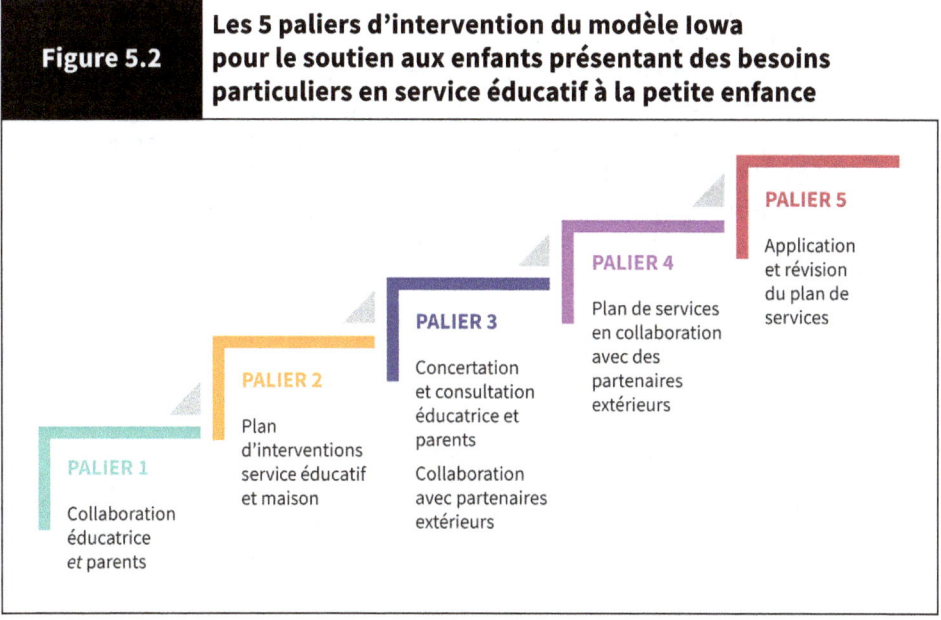

Figure 5.2 — Les 5 paliers d'intervention du modèle Iowa pour le soutien aux enfants présentant des besoins particuliers en service éducatif à la petite enfance

Brown, C.G. (2014). The Iowa Model of Evidence-Based Practice to Promote Quality Care: an illustrated example in oncology nursing. *Clinical Journal of Oncology Nursing*. April; 18(2) : 157-159.

5.3.1 Palier 1 : Collaboration entre l'éducatrice et les parents

Le palier de la collaboration entre l'éducatrice et les parents est celui qui revêt le plus d'importance. À ce palier, l'éducatrice a déjà essayé plusieurs interventions au quotidien. Elle a utilisé la démarche de réflexion et de planification afin de bien cerner les besoins de l'enfant. Elle a discuté avec ses collègues. Elle a échangé avec les parents lors de l'arrivée ou du départ de l'enfant et des moyens ont été pris en collaboration avec eux[13]. Elle réalise que malgré ces interventions, le comportement de l'enfant ne change pas. À ce palier du modèle, elle demande aux parents de les rencontrer en prévoyant une rencontre d'au moins 45 minutes.

Lors de la rencontre avec les parents, l'éducatrice partage avec ceux-ci ses observations et ses questionnements en se servant de son bagage d'expériences et de formation (*Zone professionnelle*). Elle parle des interventions qu'elle a essayées et des résultats obtenus. Elle s'intéresse au comportement de l'enfant à la maison. Elle se montre rassurante et objective devant les possibles inquiétudes des parents lorsqu'ils reçoivent les résultats. Elle prend le temps de discuter de la situation de l'enfant avec les parents afin de cerner s'il s'agit d'une situation ponctuelle ou qui pourrait s'avérer plus récurrente. L'éducatrice suggère de mettre en pratique des interventions au service éducatif et échange avec les parents afin de cerner ce qu'ils pourraient faire autrement à la maison compte tenu de ce qui a été discuté. Elle s'informe des besoins que peuvent éprouver les parents dans la situation.

Encadré 5.1

L'éducatrice prend le temps de faire le tour de la situation de l'enfant avec les parents afin de cerner s'il s'agit d'une situation ponctuelle ou qui pourrait s'avérer plus permanente.

---

[13] Il est préférable de discuter de vive voix avec les parents. Les notes dans le cahier de communication quotidien de l'enfant, quoiqu'utiles, ne sont pas le meilleur moyen dans ce cas, pour échanger avec les parents.

Démarches pour soutenir l'éducatrice dans son travail auprès des enfants présentant des besoins particuliers

Après concertation, les deux parties s'entendent et décident des interventions à mettre en place **au service éducatif et à la maison.**

Lors de cette rencontre, l'éducatrice demeure ouverte aux différentes explications des parents. Il est fort possible que les parents n'aient pas observé les mêmes comportements à la maison, et ce pour diverses raisons. Il se peut que l'enfant n'ait effectivement pas le même comportement au service éducatif qu'à la maison. Les parents n'ont peut-être pas la formation de l'éducatrice à la petite enfance et sa connaissance du développement de l'enfant. Enfin, les parents n'ont pas la disponibilité émotive pour recevoir les commentaires de l'éducatrice. Le fait d'être « convoqués » à une rencontre peut les rendre inquiets. Ils peuvent ne pas maîtriser la langue écrite, et ce, même s'ils parlent bien la langue de l'éducatrice. Ils peuvent également vivre une situation familiale les rendant vulnérables.

Si l'éducatrice juge que l'enfant est dans une situation familiale à risque de compromettre son développement et que les parents refusent l'aide suggérée, elle a le devoir citoyen et professionnel, selon la Loi sur la protection de la jeunesse, de faire un signalement à la Direction de la protection de la jeunesse (DPJ)[14].

Encadré 5.2

L'éducatrice s'assure de demeurer ouverte lors des discussions avec les parents.

Il pourrait également arriver que l'éducatrice demande à rencontrer les parents et ne parvienne pas à les joindre. Si les efforts de l'éducatrice demeurent sans réponse après maints essais, il est suggéré d'informer la direction du service éducatif de la situation. Comme l'éducatrice n'a pas réussi à joindre les parents, il est opportun que ce soit la direction qui prenne en charge la responsabilité de joindre les parents et de s'assurer que ceux-ci prennent le temps de rencontrer l'éducatrice. Il importe de se rappeler que les parents, premiers responsables de leur enfant, ne peuvent négliger de rencontrer l'éducatrice du service éducatif lorsque ceci s'avère essentiel pour le développement de l'enfant.

---
[14] Ces services sont ceux présents au Québec (Canada)

5.3.2 Palier 2 : Mise en place du plan d'intervention service éducatif – maison

Suite à la rencontre de concertation, les interventions décidées par les parents et l'éducatrice ont été mises en place. L'éducatrice continue à échanger avec les parents afin de partager l'évolution des comportements de l'enfant au service éducatif et à la maison. Si l'intervention a permis de répondre aux besoins de l'enfant et que celui-ci a modifié ses comportements, nul besoin de poursuivre au palier 2. Dans le cas contraire, il est nécessaire que l'éducatrice et les parents se rencontrent à nouveau afin de faire le point plus formellement sur la situation de l'enfant.

À la fin de cette rencontre de concertation, l'éducatrice rédige le plan concerté des activités à mettre en place au service éducatif **et** à la maison en fonction des besoins de l'enfant. Cette planification servira de plan d'interventions ciblant les objectifs visés par l'éducatrice et les parents ainsi que les moyens qu'ils mettront en place pour les atteindre. Il comprendra également un court descriptif du nouveau comportement attendu observable au service éducatif **et** à la maison. L'éducatrice s'assure aussi de prévoir une autre rencontre avec les parents dans un temps assez rapproché (plus ou moins 10 jours) afin de constater les effets de l'intervention. Cette rencontre sera le moment de décider si l'intervention prend fin ou si celle-ci doit être poursuivie. Si l'enfant n'a pas modifié son comportement, la décision de poursuivre l'intervention s'avère nécessaire.

L'éducatrice et les parents peuvent alors choisir de poursuivre par leurs propres moyens ou encore, de consulter des partenaires extérieurs pouvant jeter un éclairage nouveau sur la situation.

Encadré 5.3

En concertation avec les parents, l'éducatrice rédige le plan d'interventions à mettre en place au service éducatif ET à la maison en fonction des besoins de l'enfant.

C'est à ce palier, le palier 2, qu'il est recommandé à l'éducatrice d'informer formellement la direction de service éducatif qu'une démarche plus structurée est mise en œuvre avec un enfant et sa famille.

5.3.3 Palier 3 : Concertation entre l'éducatrice, les parents et la direction du service éducatif et consultation de partenaires extérieurs

La concertation entre l'éducatrice et les parents a permis **la mise en place d'un plan d'interventions qui n'a pas donné les résultats escomptés, et ce, même après avoir été révisé. Le plan d'interventions concerté a peut-être également permis de faire ressortir un besoin de services ou d'encadrement dépassant ce que peut offrir le service éducatif à la petite enfance.** L'éducatrice et les parents pourraient avoir besoin d'aide afin de soutenir le développement optimal d'un enfant présentant des besoins particuliers qui n'étaient pas identifiés à son inscription. Il est nécessaire à ce palier que la direction du service éducatif soit impliquée et d'élargir la consultation aux partenaires extérieurs au service éducatif à la petite enfance.

Selon la nature des comportements observés et des besoins prioritaires établis, le partenaire consulté par le parent pourra répondre selon son champ d'expertise. Ainsi, ce peut être le médecin de la famille, l'optométriste, l'oto-rhino-laryngologiste (ORL), le travailleur social du CLSC, l'orthophoniste, le psychologue, le psychoéducateur ou encore, l'intervenant de la DPJ qui peut être appelé en consultation par l'équipe entourant l'enfant et sa famille. Ainsi, par exemple, le dépistage d'un trouble d'audition par l'ORL chez un enfant turbulent donnera un nouveau sens au plan d'interventions s'il était établi que l'enfant a un problème d'audition. Les interventions spécialisées mises en place par la suite pourraient suffire à permettre à l'enfant d'être plus calme et disponible aux apprentissages.

5.3.4 Palier 4 : Plan de services en collaboration avec des partenaires extérieurs

Certaines situations plus complexes demanderont qu'une équipe professionnelle entoure l'enfant et sa famille. Une situation complexe est une situation où les problématiques rencontrées par un enfant et sa famille nécessitent des interventions dans plusieurs sphères de son développement. Prenons l'exemple d'un enfant qui s'entend mieux avec les adultes qu'avec les enfants, qui a tendance à être turbulent et impulsif, qui se montre soucieux et qui pleure beaucoup. Cet enfant n'a pas les vêtements appropriés pour la saison et arrive au service éducatif à n'importe quel moment de la journée. Les comportements de cet enfant et ses caractéristiques nécessiteront l'attention, en plus de l'éducatrice à la petite enfance, de professionnels extérieurs au service éducatif.

Ceux-ci aideront les parents et l'éducatrice à mieux cerner les besoins prioritaires de l'enfant et les moyens pour l'épauler.

Encadré 5.4

Le plan de services peut être appliqué comme une mesure de dépistage, comme moyen de prévention de l'aggravation de comportements handicapant la maturité scolaire de l'enfant ou comme mesure de protection de l'enfant.

Cette nouvelle équipe permettra la mise en place d'un plan de services qui a une visée plus large que le plan d'interventions[15]. Ce plan de services peut être appliqué comme une mesure de dépistage d'une problématique plus sévère ou encore, comme moyen de prévention de l'aggravation de comportements handicapant la maturité scolaire de l'enfant.

C'est à ce palier que l'équipe entourant l'enfant statuera sur la nature des difficultés relationnelles vécues par celui-ci, sur ses problèmes d'hyperactivité et d'inattention ou encore, sur les difficultés socioaffectives observées. Ainsi, chaque professionnel impliqué pourra assurer une partie du suivi du plan de services.

Les objectifs visés dans le plan de services peuvent inclure des objectifs pour les parents. Par exemple, les parents participent à un groupe de soutien parental au CLSC ou ailleurs selon les disponibilités. Un éducateur spécialisé peut être mandaté pour intervenir auprès de l'enfant lorsqu'il fréquente le service éducatif à la petite enfance ou à la maison. Une évaluation réalisée par le psychologue ou le psychoéducateur peut être demandée afin de clarifier la compréhension des comportements de l'enfant.

---

[15] Massé, L, Desbiens, N. & Lanaris, C. (2005). *Les troubles de comportement à l'école : prévention, évaluation et intervention*. Boucherville : Gaëtan Morin Éditeur. p. 325 à 355.

5.3.5 Palier 5 : Mise en pratique et révision du plan de services.

La mise en pratique des mesures prises pour soutenir le développement optimal de l'enfant nécessite des rencontres entre partenaires pour évaluer les résultats et rectifier les interventions si nécessaires. Ces temps de concertation favoriseront l'évaluation des effets des interventions et le suivi des évaluations demandées. Les temps de concertation doivent absolument être encadrés et prévus dans le plan de services.

Il est recommandé que la personne désignée en tant que coordonnateur du plan de services le fasse suivre à l'éducatrice du service éducatif ou à l'enseignante du préscolaire qui accueillera l'enfant l'année suivant la mise en place de celui-ci.

5.4 Démarche de collaboration, d'échanges et de consultation : Exemple pratique

5.4.1 Groupe de Sophie – Timothée (4 ans)

> **Groupe de Sophie – Timothée (4 ans)**
>
> Timothée arrive dans le groupe de Sophie, éducatrice à la petite enfance depuis bientôt 15 ans. Sophie aime particulièrement travailler avec les enfants du groupe des 4 ans. Elle sait que c'est la dernière année avant l'entrée à l'école et que les enjeux sont grands pour certains enfants. C'est le cas de Timothée qui a été identifié par l'éducatrice des 3 ans comme bougeant sans arrêt, n'écoutant pas les consignes et ayant déjà frappé les autres enfants avant de demander un jouet. L'année précédente, l'éducatrice a bien essayé de joindre les parents en leur écrivant des messages, mais elle n'a pas eu de nouvelles de leur part. Elle a donc décidé de se débrouiller seule avec Timothée.
>
> Sophie prend au sérieux les recommandations de sa collègue en qui elle a confiance et se dit qu'elle se donnera le temps d'observer son groupe avant de décider ce qu'elle mettra en place. Après 2 semaines d'observation, Sophie constate que son groupe est composé de 7 enfants sur 10 qui ont besoin de bouger et qui semblent déborder d'énergie.
>
> Elle décide donc d'aménager son environnement afin de leur laisser le plus de place pour bouger et met à leur disposition de nombreux jouets favorisant, dans son local, les jeux plus actifs.

Étant elle-même très active, elle comprend ce besoin de bouger. Sophie demeure un peu ambivalente face à son choix car elle se demande ce que les enfants feront lorsqu'ils entreront à l'école l'année prochaine. De plus, les jeux actifs nécessitent beaucoup d'espace et elle a dû ranger les livres et le matériel de bricolage dans une armoire fermée. Elle décide donc de tester son nouvel aménagement pour une période de 5 jours.

Sophie réalise que les jeux improvisés des enfants sont intéressants. Les enfants sont capables d'organiser entre eux des jeux de ballon, d'improviser une visite au supermarché avec les paniers d'épicerie qu'elle a mis à leur disposition, les contenants pour les figurines deviennent de petites autos tamponneuses lorsqu'ils sont retournés à l'envers, etc.

Tout ce mouvement suscite toutefois un tourbillon et une frénésie dans le local. Elle réalise qu'elle utilise un ton de voix plus élevé afin de parler au-dessus du bruit fait par les enfants. Elle doit même user de plus de discipline avec certains enfants, dont Timothée, qui une fois dans l'action ne semble plus entendre ce qui se passe autour de lui. Après le travail, elle rentre chez elle plus fatiguée qu'à son habitude.

Après 5 jours, Sophie se dit que ce qu'elle a mis en place lui a permis de découvrir la créativité de certains enfants sans toutefois permettre la décharge de leur énergie débordante comme elle le pensait. Sophie discute alors avec une collègue et cet échange lui permet de réaliser qu'elle était un peu inquiète de l'arrivée de Timothée dans son groupe. Le fait de ne pas pouvoir parler aux parents rend également sa tâche plus difficile. Sa collègue l'encourage à aménager son local tel qu'elle le faisait dans le passé avec des aires permettant des apprentissages dans des domaines diversifiés. Ce faisant, elle pourra observer plus aisément le comportement de Timothée face aux apprentissages et prévenir ses débordements, le cas échéant.

Sophie décide de partager avec l'équipe son expérience. Lors de cet échange, les éducatrices réalisent qu'elles sont portées à se débrouiller seules lorsqu'elles sont face à des enfants qui présentent des besoins particuliers et qui n'ont pas été identifiés à leur inscription. Ce faisant, l'enfant change de groupe année après année sans que sa situation ne change vraiment. Chacune mettant en place ce qu'elle considère comme le mieux pour l'enfant.

5.4.2 Analyse de la situation vécue par Sophie

Dans la situation présentée, Sophie a utilisé la démarche de réflexion afin de planifier l'environnement éducatif de son local. Elle a identifié un premier besoin qui est celui de bouger en pensant qu'il s'agissait d'un besoin physiologique. Selon Maslow, bouger n'est pas un besoin physiologique.

Ainsi, « *bouger* » devient une façon utilisée par l'enfant afin de répondre à un des besoins identifiés par Maslow. Afin de bien saisir la différence entre un moyen pour répondre à un besoin et un besoin tel que défini par Maslow prenons quelques exemples : Bouger en pratiquant une activité physique encadrée permet de faire partie d'une équipe sportive (réponse à un besoin d'appartenance), d'avoir des projets et de se sentir reconnu (réponse à un besoin d'estime) et de développer ses habiletés motrices (réponse à un besoin de s'accomplir). De plus, bouger est peut-être non pas une manière de répondre à un besoin mais la manifestation d'un malaise plus profond ressenti par l'enfant lorsqu'un besoin n'est pas répondu. Les manifestations comportementales d'agitation motrice de l'enfant sont peut-être motivées par une instabilité vécue au sein du milieu familial (manifestation d'un besoin de sécurité non répondu).

Dans d'autres cas et ce, lorsque plusieurs interventions ont été essayées sans succès, l'agitation motrice peut devenir la manifestation comportementale de difficultés relationnelles, d'un désordre d'ordre neurologique ou encore, de difficultés socioaffectives. Rien de bien simple pour l'éducatrice qui a la responsabilité de tout son groupe en même temps qu'elle doit tenter de comprendre les besoins d'un enfant présentant des besoins particuliers. C'est pourquoi toutes ces tentatives de compréhension des motivations sous-jacentes au comportement deviennent des pistes à explorer en concertation avec la famille (Palier 1 du modèle IOWA) ou plus tard, avec des partenaires extérieurs au service éducatif.

Dans la situation vécue par Sophie, celle-ci a décidé d'aider Timothée en se servant de l'expérience de sa collègue qui a eu l'enfant dans son groupe l'année dernière. Comme les parents de Timothée n'ont pas répondu aux messages écrits l'année dernière, il sera nécessaire que Sophie trouve une façon de les aborder lorsqu'ils arrivent ou quittent le service éducatif. Elle pourra ainsi les écouter dans un premier temps et échanger avec eux et mieux connaître leur réalité familiale. Ce moment lui permettra de prévoir avec eux le passage à l'école de Timothée. Ils pourront ensemble déterminer des interventions à prioriser et prévoir un autre temps de rencontre afin de déterminer un but commun. En modifiant la lecture du besoin en concertation avec la famille, Sophie pourra réorienter son action et proposer un nouvel aménagement de son environnement.

5.5 Démarche de collaboration, d'échanges et de consultation : Suite de l'exemple pratique

5.5.1 Rencontre avec les parents (Palier 1 du Modèle IOWA)

Groupe de Sophie – Timothée (4 ans)

Sophie a observé les habitudes des parents de Timothée lorsqu'ils viennent le reconduire le matin. Suite à ses observations, elle se dit qu'il serait préférable d'aborder la mère ou le père à la fin de la journée car le matin, ils semblent vraiment à la hâte alors qu'en fin d'après-midi, elle sent la mère moins pressée de quitter le service éducatif.

Sophie prévoit que cette première rencontre sera de courte durée car elle souhaite inviter les parents à une rencontre qui sera planifiée dans les agendas de chacun. Sophie a l'habitude de discuter avec les parents lorsque ça fait 4 ou 5 semaines que leur enfant fréquente son groupe. Elle aborde la mère avec cette introduction et lui fait part de son intention de discuter plus longuement avec les 2 parents dans la semaine qui vient.

Sophie a déjà avisé sa direction qu'elle entreprend des démarches avec la famille de Timothée. Elle a l'assurance qu'elle a le soutien de sa direction afin de réaliser cette rencontre.

La mère se montre inquiète et veut comprendre pourquoi il est nécessaire de faire une rencontre. Elle a 4 autres enfants qui vont bien. Elle transmet à Sophie que son mari n'a pas beaucoup de disponibilités car il est en train de terminer une formation qui lui permettra d'exercer son métier ici au Québec. La formation complétée dans son pays d'origine n'a pas été reconnue lors de leur arrivée au pays et toute la famille se mobilise pour soutenir monsieur dans ses démarches. Madame a plus de disponibilités car elle termine son travail plus tôt que son mari qui étudie le soir après sa journée de travail. Sophie s'empresse de dire à la mère que la rencontre peut effectivement avoir lieu entre elle et la mère. La rencontre est donc prévue pour le lendemain.

> Cette courte rencontre a donné beaucoup d'informations à Sophie sur la famille de l'enfant. Sophie comprend que malgré le fait que les parents de Timothée s'expriment très bien en français, il s'agit pour eux d'une langue seconde. Les messages écrits par sa collègue pouvaient ne pas avoir été lus par manque de connaissance de la langue écrite ou encore, par manque de disponibilités des parents le soir (5 enfants à la maison et études du père).
>
> Lors de la rencontre avec la mère, Sophie apprend que Timothée est né alors que la famille venait tout juste de déménager au Québec. Les parents avaient beaucoup de nouveautés à apprivoiser à ce moment. Les frères et sœurs de Timothée sont des adolescents et les enseignants n'ont pas demandé de rencontrer la mère car ils vont bien. La mère paraît très inquiète quand Sophie lui décrit les comportements de Timothée et de l'importance de bien le préparer pour l'école. Timothée est très agité, voire turbulent. Il se trouve souvent au centre des conflits avec les autres enfants et éprouve des difficultés à se concentrer. Sophie informe aussi la mère que son garçon cherche son contact et qu'il présente de bonnes capacités dans les sports.
>
> À la fin de la rencontre, Sophie demande à la mère si elle accepte d'observer les comportements de son garçon à la maison. De son côté, elle aménagera son local afin de lui permettre d'observer Timothée en situation d'apprentissage. Les deux conviennent de prendre un temps la semaine qui vient pour échanger leurs observations.

5.5.2 Analyse de la rencontre avec les parents

En acceptant de rencontrer la mère seule, Sophie fait preuve d'ouverture et de souplesse envers la famille. Elle transmet ainsi à la mère dans quel climat elle souhaite que leurs échanges aient lieu. Elle prend le temps d'écouter sans jugement la version de la mère. Elle informe la mère des comportements que son fils manifeste de manière à ne pas l'inquiéter sans toutefois ne rien omettre. Ce faisant, elle cherche à créer une alliance avec la mère. Toutes les deux quittent la rencontre avec une tâche à accomplir et un autre rendez-vous.

Le plus important dans cette première rencontre est que *Sophie prenne le temps d'accueillir la mère*. Elle sait par expérience (*Zone professionnelle*) que ce temps pris au début sera bénéfique afin d'engager la famille et, aussi, s'il s'avérait que les besoins de Timothée exigent que des partenaires extérieurs interviennent.

Sophie se met en action et revoit l'aménagement de son local en proposant des aires de jeux qui offrent des possibilités d'apprentissages dans des domaines variés. La rencontre avec la mère de Timothée lui a permis d'apprendre que l'enfant est arrivé dans sa famille dans un moment de grands bouleversements où chaque membre de la famille devait vivre un certain déséquilibre. Elle comprend que la famille consacre beaucoup d'énergie à soutenir les efforts du père. Elle pense que Timothée a besoin de se sentir sécurisé (besoin de sécurité selon Maslow) lorsqu'il fréquente le service éducatif, et ce, afin de pouvoir développer des capacités intériorisées d'autocontrôle. L'aménagement mis en place aidera Timothée à développer par exemples, les habiletés pro sociales nécessaires à son intégration dans le groupe et par la suite à l'école ou encore, le sentiment de sécurité intérieure qui lui permettra d'aller vers les autres enfants avec confiance.

Sophie décide donc d'observer le comportement de Timothée face au nouvel aménagement afin de déceler quels sont ses jeux préférés, quels sont les jeux qu'ils délaissent mais qui sont importants pour sa préparation à l'école, avec qui il aime jouer et de quelle manière il entre en contact avec ceux-ci. Elle se donne ainsi des centrations d'observation.

Lors de la seconde rencontre avec la mère, elle pourra partager ses observations et accueillir celles de la mère. Elles pourront décider, de manière concertée, des interventions à mettre en place (Palier 2 du modèle IOWA). Sophie pourra revenir avec la mère sur le dernier rendez-vous médical de l'enfant ou sur la possibilité d'aller chez l'optométriste par exemple. Elles travailleront de manière concertée à trouver les meilleures ressources permettant de préparer Timothée à son entrée à l'école. De la sorte, chacune agira dans son champ d'action avec les moyens et responsabilités propres à chacune. Le plan d'interventions mis en place permettra de définir le but commun, les objectifs, les moyens choisis ainsi que les délais entre chacune des rencontres.

Dans la situation de Timothée, il se peut que le seul fait que Sophie et sa mère prennent du temps pour se concerter et mettre en place des actions concrètes adaptées à son besoin de sécurité suffise à faire en sorte qu'il retrouve un équilibre lui permettant d'être disponible aux apprentissages. Si ce n'est pas le cas, Sophie et la mère auront mis en place des bases solides de concertation permettant le recours à des partenaires extérieurs apportant ainsi une aide diversifiée à Timothée pour son passage à l'école. De plus, ces partenaires pourront être présents lorsque Timothée intégrera l'école.

6 | Collaboration entre la famille et le service éducatif : un lieu d'apprentissage exceptionnel

La collaboration entre les membres de la famille et le personnel du service éducatif à la petite enfance est essentielle au plein développement de l'enfant. Elle enrichit les divers éléments constituant la qualité de l'environnement du service éducatif. Cette collaboration à établir et à entretenir devient alors pour les parents comme pour les éducatrices un lieu exceptionnel d'apprentissage. La collaboration permet l'interaction entre l'ensemble des possibilités de l'enfant, de l'expérience et des connaissances de l'éducatrice et des expériences vécues dans la famille qui tel un engrenage, utilisant l'énergie de chacun, ne peut que propulser l'enfant vers l'atteinte de son plein potentiel. Il est souvent difficile de représenter concrètement une telle collaboration. La figure 6.1 permet d'illustrer ces engrenages représentant les différents acteurs en présence lorsque l'enfant fréquente un service éducatif à la petite enfance.

Nous avons tenté de concrétiser cette collaboration avec l'aide d'intervenants à la petite enfance lors du projet de recherche partenariale *Portés par la qualité! Nourrissons et tout-petits*. Nous avons recensé 4 messages importants que des intervenants à la petite enfance[1] aimeraient transmettre aux parents afin de leur assurer une place personnalisée et unique au sein du service éducatif que fréquente leur enfant. Ces messages s'accompagnent de propositions d'actions concrètes adressées à l'éducatrice qualifiant ainsi sa façon d'accueillir les parents. Ces propositions d'actions s'adressent également aux parents qui sont invités à s'avancer vers l'éducatrice pour la questionner, pour échanger et pour collaborer. Il ne s'agit pas ici de listes exhaustives des actions à poser de part et d'autre. Toutefois, ces propositions nous paraissent de bons points de départ afin d'actualiser dans le quotidien les messages choisis.

Les quatre messages recensés sont présentés et commentés selon deux entrées. Une première entrée s'adresse à l'éducatrice et la seconde aux parents. Chacune des entrées propose des affirmations suggérant des pensées, des idées ou des comportements illustrant le message. Ces entrées sont précédées d'un ☐ suggérant que le parent ou l'éducatrice peut cocher selon qu'il se donne cette proposition comme défi, qu'il souhaite mettre en place ce qu'il faut pour y arriver ou encore, qu'il croit l'avoir déjà réalisée. Un peu comme un petit carnet de bord.

---

[1] Projet de recherche partenariale *Portés par la qualité! Nourrissons et tout-petits* – activité animée auprès des éducatrices et gestionnaires membres du Comité qualité du Regroupement des CPE de l'Abitibi-Témiscamingue et du Nord-du-Québec. Automne 2015.

Collaboration entre la famille et
le service éducatif : un lieu d'apprentissage exceptionnel

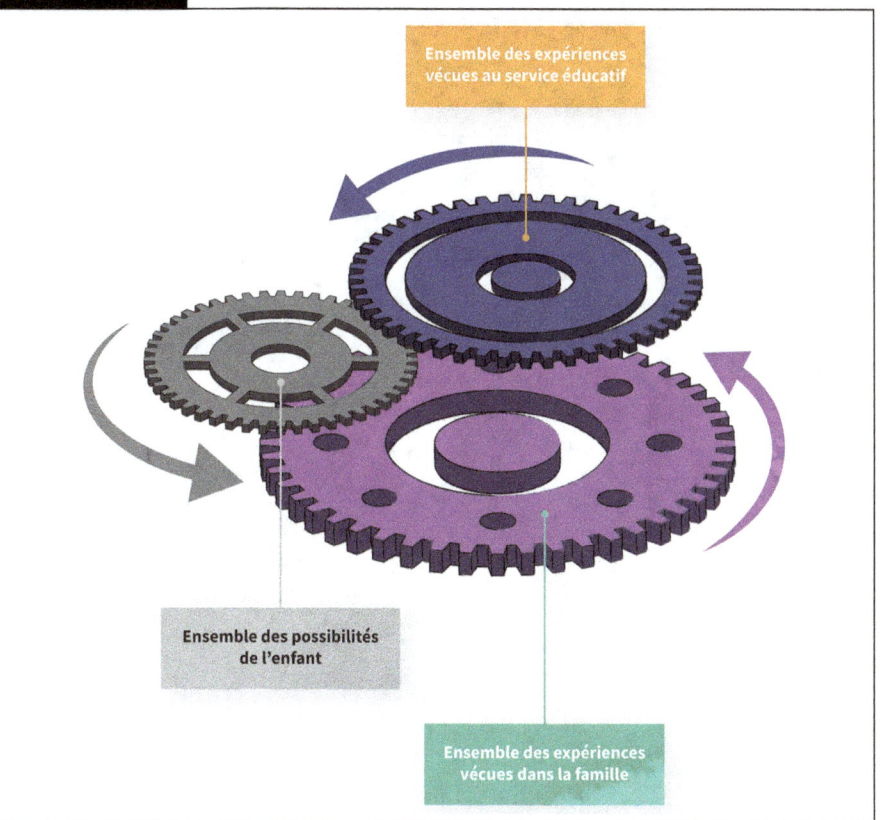

Figure 6.1 — La collaboration entre la famille et le service éducatif à la petite enfance – un lieu d'apprentissage exceptionnel pour chacun

De plus, ces messages peuvent servir de base à une discussion en équipe et être enrichis de gestes simples à poser pour que la collaboration avec les parents devienne intégrée au quotidien.

Les messages sont également agrémentés d'une illustration. Les quatre messages sont les suivants :

- Message 1 : Mon service éducatif à la petite enfance, un milieu de qualité où l'enfant vit des expériences stimulantes;
- Message 2 : Vous êtes importants pour votre enfant, aidez-nous à mieux le connaître;
- Message 3 : Il y a autant d'enfants que de façons de construire son avenir;
- Message 4 : Entre 0 et 5 ans, l'importance de jouer et d'explorer pour apprendre.

MON SERVICE ÉDUCATIF À LA PETITE ENFANCE, UN MILIEU DE QUALITÉ OÙ L'ENFANT VIT DES EXPÉRIENCES STIMULANTES.

6.1 Message 1 : Mon service éducatif à la petite enfance, un milieu de qualité où l'enfant vit des expériences stimulantes

6.1.1 En tant qu'éducatrice...

- ☐ Je parle aux enfants avec douceur;
- ☐ Je prends le temps de consoler un enfant qui pleure ou qui s'est fait mal;
- ☐ Je rends accessible pour les enfants une variété de jeux et je les dispose afin qu'ils puissent y avoir accès sans mon aide;
- ☐ Je propose du matériel en quantité suffisante;
- ☐ Je réponds rapidement aux questions des enfants;
- ☐ Je sais où se trouve chaque enfant de mon groupe lors des activités;
- ☐ Je propose des activités à l'extérieur tous les jours;
- ☐ J'ai confiance en ma formation en tant qu'éducatrice;
- ☐ Je prends le temps de considérer ce que les parents me disent et les questions qu'ils me posent;
- ☐ Je prends le temps de sécuriser les parents inquiets quant au développement de leur enfant;
- ☐ J'agis en prévention avec les enfants.

6.1.2 En tant que parents...

- ☐ Je passe du temps avec mon enfant lorsque j'y suis invité, ou encore, le matin lorsque je l'amène au service éducatif;
- ☐ Je planifie mon temps afin de ne pas être trop pressé lorsque je vais reconduire ou chercher mon enfant au service éducatif;
- ☐ J'entre dans le local de mon enfant et passe du temps avec lui;
- ☐ Je me permets de poser des questions à l'éducatrice sur les apprentissages que mon enfant réalise, aussi petits qu'ils puissent être;
- ☐ J'apporte les vêtements et le matériel nécessaires à la bonne marche de la journée de mon enfant au service éducatif.

Services éducatifs de qualité en petite enfance

VOUS ÊTES IMPORTANTS POUR VOTRE ENFANT, AIDEZ-NOUS À MIEUX LE CONNAÎTRE.

6.2 Message 2 : Vous êtes importants pour votre enfant, aidez-nous à mieux le connaître

6.2.1 En tant qu'éducatrice...

- ☐ Je considère que les parents sont les premiers responsables de leur enfant ;
- ☐ Je prends le temps de discuter avec les parents des goûts et des intérêts de leur enfant ;
- ☐ Je m'intéresse à ce que l'enfant réalise à la maison comme activités familiales ;
- ☐ Je m'intéresse aux situations particulières que l'enfant vit à la maison ;
- ☐ Je m'intéresse aux différences culturelles de la famille de chacun des enfants de mon groupe ;
- ☐ J'intègre certaines façons de faire de la famille aux routines et/ou activités du groupe ou du service éducatif.

6.2.2 En tant que parents...

- ☐ Bien que premier responsable de mon enfant, j'accorde ma confiance au professionnalisme de l'éducatrice pour m'assurer du bon développement de mon enfant ;
- ☐ J'échange sur les goûts de mon enfant, sur les situations vécues et sur nos habitudes de vie avec l'éducatrice ;
- ☐ Je prévois du temps pour échanger avec les intervenants lors de mon arrivée et de mon départ du service éducatif ;
- ☐ Je pose des questions précises sur les activités réalisées par mon enfant ;
- ☐ J'apporte des objets significatifs pour mon enfant au service éducatif afin que celui-ci se sente en sécurité ;
- ☐ J'apporte des photos de la famille (frère, sœur, grands-parents, père, mère, etc.) ;
- ☐ Je prends le temps de lire le cahier de communication ;
- ☐ Je communique mes attentes et mes besoins aux intervenants du milieu.

IL Y A AUTANT D'ENFANTS
QUE DE FAÇONS DE CONSTRUIRE SON AVENIR.

6.3 Message 3 : Il y a autant d'enfants que de façons de construire son avenir

6.3.1 En tant qu'éducatrice…

- ☐ Je crois que chaque enfant est unique et que chaque intervention doit refléter cette unicité;
- ☐ Je tente le plus possible de respecter le rythme d'apprentissage de chacun des enfants de mon groupe;
- ☐ Je soutiens les efforts de chaque enfant;
- ☐ J'accueille les questionnements des parents et tente d'y répondre le plus honnêtement possible;
- ☐ Je respecte les valeurs familiales de chaque enfant tout en conservant un équilibre dans mon groupe;
- ☐ Je me considère en tant que professionnelle du développement de l'enfant.

6.3.2 En tant que parents…

- ☐ Je parle avec l'éducatrice responsable de mon enfant lorsque j'ai des inquiétudes ou des questionnements;
- ☐ Je prends le temps de répondre aux messages de l'éducatrice;
- ☐ Je m'implique dans la vie de mon enfant lorsqu'il est au service éducatif en parlant de nos coutumes, notre musique, nos activités familiales, etc. ;
- ☐ Je participe aux rencontres lorsque j'y suis invité;
- ☐ Je prends le temps d'informer l'éducatrice lorsque mon enfant vit des situations particulières qui pourraient avoir un impact sur son quotidien;
- ☐ Je souligne à l'éducatrice si mon enfant est malade ou s'il n'a pas bien dormi;
- ☐ Je crois que l'éducatrice peut me permettre de comprendre des choses sur les comportements de mon enfant et je partage avec elle mes questionnements.

ENTRE 0 ET 5 ANS,
L'IMPORTANCE DE JOUER
ET D'EXPLORER POUR APPRENDRE.

6.4 Message 4 : Entre 0 et 5 ans, l'importance de jouer et d'explorer pour apprendre

6.4.1 En tant qu'éducatrice…

- ☐ J'aménage le local afin qu'il favorise l'exploration et l'autonomie de chacun des enfants ;
- ☐ J'offre aux parents d'entrer dans le local et d'y passer quelques instants en compagnie de leur enfant ;
- ☐ Je rends le matériel accessible une bonne partie de la journée ;
- ☐ Je permets aux enfants de jouer librement chaque jour et une bonne partie de la journée ;
- ☐ Je mets l'accent sur le jeu, sur le plaisir et non seulement sur le résultat ;
- ☐ Je m'intéresse aux goûts et intérêts des enfants de mon groupe ;
- ☐ Je prends le temps de participer aux jeux des enfants, de les questionner sur ce qu'ils font, d'échanger avec les enfants pendant la journée, etc.

6.4.2 En tant que parents…

- ☐ Je questionne l'éducatrice sur les habiletés de mon enfant ;
- ☐ Je m'informe des objectifs visés par l'éducatrice avec mon enfant ;
- ☐ Je me permets de transmettre mes inquiétudes à l'éducatrice sur les réalisations de mon enfant ;
- ☐ J'entre dans le local du service de garde pour m'intéresser aux réalisations de mon enfant et pour consulter son horaire quotidien ;
- ☐ Je prends le temps de lire le journal de bord ;
- ☐ À la maison, je prends l'habitude de parler avec mon enfant de ce qu'il a fait pendant la journée.

Partie B : Pratiques

Suzanne Manningham
Nancy Vaillant

Introduction

La partie B : Pratiques, s'articule autour des moments vécus au quotidien par l'enfant fréquentant un service éducatif à la petite enfance. Cette partie propose, pour chaque moment de vie choisi, différentes possibilités de planification de l'environnement physique et humain répondant à des critères de qualité éducative élevée.

Les échelles d'évaluation de la qualité de l'environnement en service éducatif validées pour répondre aux besoins des enfants âgés de moins de 5 ans de Thelma Harms et de ses collaborateurs[1] ont inspiré les propositions d'aménagement de l'environnement. De la sorte, chaque moment de vie planifié et organisé par l'éducatrice devient une occasion d'exploration et de jeu favorisant le développement optimal pour l'enfant.

Dans la figure B1, page 94, la symbolique de l'horloge qui présente une journée dans la vie de l'enfant fréquentant un service éducatif à la petite enfance est utilisée. Nous connaissons tous les mécanismes ou rouages internes inhérents à la progression des aiguilles de l'horloge.

Les rouages internes de l'horloge représentent les différents champs de développement de l'enfant qui sont interreliés et interdépendants. Ainsi, un nouvel apprentissage, l'exploration et le jeu dans un champ de développement auront nécessairement un impact sur les autres champs de développement de l'enfant.

L'enfant, représenté par la tige centrale, est perçu en tant que la centration de notre engagement professionnel. La tige centrale est celle qui justifie le mouvement des aiguilles de l'horloge et les rouages internes. **Les apprentissages réalisés dans les différents champs de développement de l'enfant prennent leur source dans l'axe créé par le bagage de connaissances et d'expériences de la famille** (sa culture, son histoire, son niveau socio-économique, etc.) **et le bagage de connaissances et d'expériences de l'éducatrice** (sa culture, sa formation, son expérience, son histoire, etc.) **lorsque l'enfant est au service éducatif.**

---
[1] Harms, T., Cryer, D. & Clifford, R.M. (1998 et suivantes)

Services éducatifs de qualité en petite enfance

Figure B.1   **Une journée au service éducatif à la petite enfance**

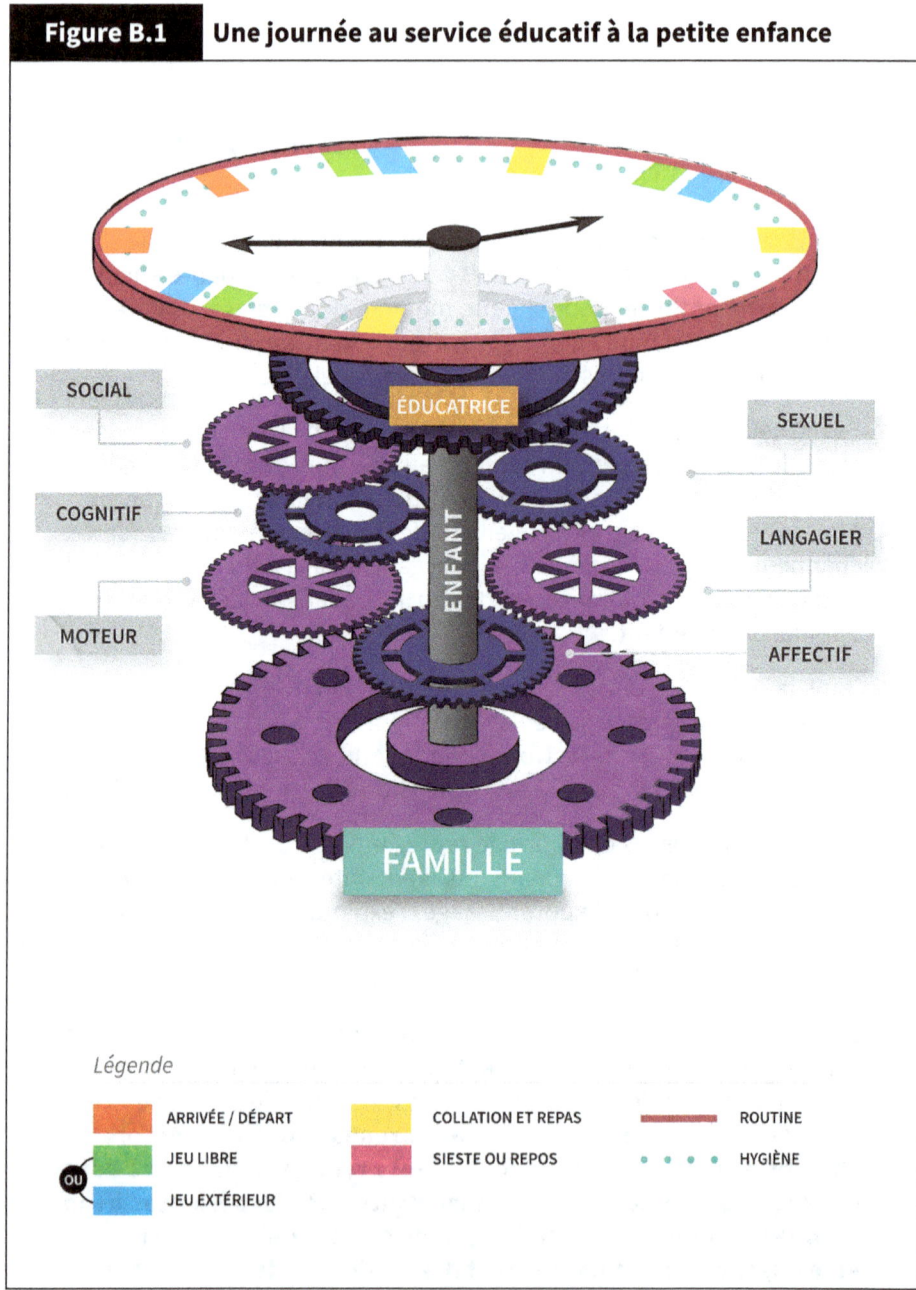

Partie B : Pratiques

Sept moments ponctuant le quotidien de l'éducatrice et de l'enfant au service éducatif à la petite enfance ont été sélectionnés pour leur importance dans le développement de l'enfant. Ces sept moments de vie sont présentés dans les chapitres suivants. Six de ces chapitres abordent des moments de vie précis au service éducatif : les moments de routine; l'arrivée au service éducatif et le départ pour la maison; le jeu libre et l'exploration; le jeu à l'extérieur; les moments de repas et de collation et la sieste et les périodes de repos. Un dernier chapitre aborde la question de l'hygiène sous trois angles différents : le lavage des mains, le passage à la toilette et les changements de couches et, le nettoyage et la désinfection.

Les chapitres reprennent tous la même formule de présentation. Après une courte présentation des éléments théoriques les plus importants en lien avec le sujet du chapitre, est abordé le point central du chapitre qui est relatif à l'environnement de qualité permettant l'établissement d'une interaction éducative bienveillante.

Par la suite, les auteures proposent un exemple pratique[2] de la démarche de réflexion et de planification à partir d'une mise en situation vécue en service éducatif.

Ensuite, des précisions, selon le thème du chapitre, sont apportées quant aux règles d'hygiène s'appliquant, aux mesures de sécurité importantes et aux enfants présentant des besoins particuliers.

Enfin, chacun des chapitres se termine par un exemple d'une situation vécue par une éducatrice qui met en place un environnement éducatif de grande qualité favorisant l'établissement d'une interaction éducative bienveillante.

Le chapitre 8 qui aborde les moments de routine au service éducatif de manière plus générale.

---

[2] Tous les exemples pratiques présentés sont fictifs. Seuls certains éléments des exemples utilisés ont été rapportés aux auteures lors de leur travail avec des éducatrices à la petite enfance.

7 | Les moments de routine

Dans la figure B1, les moments de routine sont représentés par une ligne rouge continue encerclant toute la journée de l'enfant au service éducatif. Cette façon de représenter les moments de routine reflète la continuité que ceux-ci ont dans une journée au service éducatif. Les moments de routine sont, entre autres, les transitions entre deux activités, les temps de préparation avant un repas ou une collation, ou avant la sieste. Il est facile de les banaliser tellement ils sont répétitifs et vécus de manière presque automatique.

Toutefois, ils ont une importance très grande afin d'assurer la constance et la régularité nécessaires au développement d'un sentiment de sécurité intériorisé chez l'enfant.

Ainsi, une transition entre deux activités peut paraître comme un moment anodin dans la journée car, après tout, l'objectif est de changer de local ou encore, de sortir le matériel du jeu à venir. Selon les capacités des enfants, il est conseillé de planifier ces moments de transition tout comme les autres activités de la journée.

Ainsi, l'éducatrice qui prévoit, par exemple, le déplacement dans un long corridor en rappelant à l'avance aux enfants ses attentes permet à ceux-ci de vivre un moment dépourvu de stress plutôt qu'un temps qui peut être ponctué de rappels disciplinaires.

De plus, l'éducatrice qui anticipe que les tout-petits peuvent éprouver des difficultés naturelles à attendre sans bouger sur leur chaise le repas qui tarde à venir et, qui planifie ce délai parfois incontournable et en fait une occasion d'apprentissage, met en place une interaction éducative bienveillante.

Les tout-petits développeront ainsi des façons de patienter adaptées à leur niveau de développement qui leur permettront de se faire confiance. Ce sentiment de confiance intériorisé grâce à la répétition d'expériences positives les suivra ensuite tout au long de leur cheminement de vie.

La planification d'un horaire quotidien qui est illustré, affiché bien en vue dans le local et animé auprès des enfants par l'éducatrice est également une façon efficace de créer une stabilité au service éducatif à la petite enfance.

7.1 Un environnement de qualité – les moments de routine

Les moments de routine planifiés dans un horaire quotidien soutiennent l'acquisition du concept de temporalité, les capacités de mémorisation et d'anticipation chez l'enfant[1]. Les points de repère créés aident l'enfant à se situer dans la séquence des événements. En bénéficiant d'une interaction éducative bienveillante, l'enfant sera en mesure de reconnaître des signes qui situent chaque période de sa vie quotidienne dans une séquence logique comme la période de la sieste qui débute lorsque l'éducatrice met une musique douce.

Dès l'âge de 14 mois, l'enfant est capable d'établir des liens entre des termes comme « *plus tard* », « *demain* », « *hier* » et les moments de routine. Ainsi, il sera en mesure de faire un lien entre « *après le dîner* » et « *nous lirons un livre* » facilitant son attente entre les deux moments.

De plus, la période pendant laquelle l'enfant s'endort de façon autonome est favorisée lorsque celui-ci a intériorisé la routine précédant son sommeil. Les différents rituels qui reviennent chaque jour apaisent l'enfant.

Voici quelques exemples de rituels qui sont observés dans le quotidien de l'enfant au service éducatif : de la musique douce à des moments précis de la journée, le chant que l'éducatrice entonne au moment de ranger les jouets ou l'éducatrice qui aide l'enfant à se relaxer au début de chaque période de sieste en proposant des exercices calmes tels que s'étirer de la pointe des pieds jusqu'à la pointe des cheveux.

Ces rituels permettent à l'enfant de développer son sentiment de contrôle sur les événements, sur les réactions de son corps par l'intériorisation de l'impression de « *je suis capable de* » nécessaire au développement de son identité. Ces conditions seront susceptibles de permettre à l'enfant de faire preuve d'initiatives et d'explorer son environnement avec confiance.

---

[1] Projet Odyssée (2008). *Petit guide pour prendre la route : Rituels, routines et transitions.*
Groupe d'étude sur le programme d'apprentissage de la petite enfance, Meilleur départ (2008). *L'apprentissage des jeunes enfants à la portée de tous dès aujourd'hui : Un cadre d'apprentissage pour les milieux de la petite enfance de l'Ontario.*

7.1.1 Un environnement de qualité : quelques questions à se poser en équipe

- ☐ Accordons-nous un temps lors de nos rencontres d'équipe pour partager nos succès et nos questionnements sur les moments de routine?

- ☐ Avons-nous développé des moyens afin d'accompagner les parents qui ont du mal à respecter les moments de routine établis au service éducatif?

- ☐ Remettons-nous aux partenaires extérieurs une copie de notre horaire quotidien afin de faciliter la prise de rendez-vous?

7.1.2 Pour une interaction éducative bienveillante : quelques questions à se poser pour l'éducatrice

- ☐ Mon horaire est-il affiché au mur pour les parents?

- ☐ Mon horaire est-il illustré à l'aide de pictogrammes ou de photos et placé à la hauteur des enfants? Est-ce que j'invite les enfants à s'y référer en cours de journée?

- ☐ L'activité est-elle annoncée aux enfants avant de débuter?

- ☐ Est-ce que je préviens les enfants quelques minutes avant la fin d'une activité?

- ☐ Qu'est-ce que je fais lorsqu'un enfant a du mal à arrêter une activité?

- ☐ Les périodes d'attente entre mes activités sont-elles planifiées?

- ☐ Ai-je pensé à utiliser des petits contes et des chansons pour transmettre les consignes aux enfants?

7.2 Pour les enfants présentant des besoins particuliers

Les enfants présentant des besoins particuliers nécessitent qu'une attention plus spécifique soit portée à la cohérence et la prévisibilité des interactions et de l'aménagement de l'environnement au service éducatif à la petite enfance.

Les moments de routine

Tout comme un environnement familial stable et prévisible augmente le sentiment de sécurité chez l'enfant[2], la stabilité et la prévisibilité du service éducatif à la petite enfance ne pourra que venir ancrer davantage ce sentiment.

Ainsi, l'horaire quotidien et les moments de routine planifiés en fonction des besoins développementaux des enfants favorisent la réduction du stress chez les enfants présentant des difficultés relationnelles, d'hyperactivité et d'inattention ou des difficultés psychosociales. Certains des enfants présentant des besoins particuliers peuvent exprimer ce stress par des manifestations comportementales d'agitation motrice, de colère ou encore, en s'opposant aux demandes de l'adulte.

Ainsi, devant un enfant qui s'oppose ou qui brise un objet, l'éducatrice bienveillante pourra se demander s'il y a un élément de la routine quotidienne qui a été changé et qui a pu dérouter cet enfant. Elle pourra ainsi le rassurer et donner une nouvelle signification à son intervention éducative. Elle introduit ainsi de nouvelles façons de faire face à un conflit et devient un modèle pacifique pour l'enfant. L'enfant soutenu par une interaction éducative bienveillante développera en grandissant son propre sentiment intérieur de sécurité et ses propres compétences relationnelles pour faire face aux défis rencontrés lors de son passage à l'école.

---

[2] Kliewer, W. & Kung, E. (1998). Family moderators of the relation between hassles and behavior problems in inner-city youth. *Journal of Clinical Child Psychology, 27*(3), 278-292.

Poulin, M-H. (2012). *Relations entre la pratique des routines familiales, le style d'attachement maternel, l'adaptation du parent et l'adaptation des enfants d'âge scolaire.* Thèse présentée au Département des sciences de la santé de l'Université du Québec en Abitibi-Témiscamingue et à la Faculté de médecine et des sciences de la santé de l'Université Sherbrooke. Rouyn-Noranda, Québec. Novembre.

8 | L'arrivée au service éducatif et le départ pour la maison

L'arrivée au service éducatif et le départ pour la maison des enfants sont des moments clés dans la journée au service éducatif. Ce sont deux moments privilégiés pour échanger avec le parent et développer une collaboration. Ces échanges permettent à l'éducatrice de mieux connaître la famille et l'enfant et favorisent une continuité entre les deux milieux de vie de l'enfant. L'enfant a besoin de voir et de ressentir que l'éducatrice est intéressée à son parent pour se sentir sécurisé au service éducatif[1]. Il percevra si les adultes significatifs pour lui ont des échanges harmonieux ce qui lui permettra de se sentir en confiance.

Un milieu de qualité vise le développement harmonieux de l'enfant[2]. La collaboration ainsi créée permet de prendre des décisions communes à propos de divers sujets concernant l'enfant et d'accorder les façons de faire.

8.1 Un environnement de qualité – l'arrivée et le départ

L'arrivée au service éducatif et le départ pour la maison sont deux moments qu'il est primordial de planifier minutieusement. L'éducatrice bienveillante accueillera les enfants et leur parent de manière personnalisée, par exemple, en appelant les enfants par leur prénom, en leur disant bonjour dans leur langue maternelle, en les regardant lorsqu'elle s'adresse à eux, ou encore, en arrêtant ce qu'elle est en train de faire pour leur dire bonjour. Elle invitera les parents **à entrer dans le local. Le parent n'y verra aucune** gêne, il se sentira le bienvenu et à l'aise de passer du temps avec son enfant dans le local. Le parent sera invité à signer le registre des présences à son arrivée[3].

Afin de bien planifier ***le départ pour la maison***, l'éducatrice prendra soin d'aviser l'enfant de son départ quelques minutes avant celui-ci, ceci afin qu'il puisse, par exemple, terminer son jeu et le ranger. Lorsque l'enfant quittera pour la maison, l'éducatrice prendra un temps afin d'échanger avec le parent sur la journée de son enfant au service éducatif. Si l'éducatrice responsable de l'enfant n'est pas

---

[1] Cryer, D., Harms, T. & Riley, C. (2004). *All About the ITERS-R. A detailed guide in words and pictures to be used with the ITERS-R.* Kaplan Early Learning Co. 465 pages.

Harms, T., Riley, C. & Cryer, D. (2012). *All About the ECERS-R. A detailed guide in words & pictures to be used with the ECERS-R.* Kaplan Early Learning Co. 444 pages.

[2] Ministère de la Famille et des Aînés (2007). *Accueillir la petite enfance. Le programme éducatif des services de garde du Québec. Mise à jour.* Québec.

[3] Harms, T., Cryer, D. & Clifford, R.M. (1998 et suivantes).

L'arrivée au service éducatif et le départ pour la maison

présente lors du départ de l'enfant pour la maison, elle prendra soin de partager les informations pertinentes à l'éducatrice en présence afin que celle-ci puisse les communiquer au parent. L'éducatrice prendra soin de rappeler au parent de signer le registre des présences des enfants avant qu'il ne quitte le service éducatif.

Un service éducatif de qualité sera ouvert à recevoir, au besoin, le parent afin qu'il vienne observer son enfant[4]. Certains services éducatifs de qualité vont **également** permettre des entrées progressives, ou encore, que l'enfant apporte un jouet de la maison, une couverture préférée ou un vêtement imprégné de l'odeur de sa maman afin d'aider l'enfant qui en manifeste le besoin à s'intégrer au service éducatif et à mieux vivre la séparation avec la mère ou le père. Ces services éducatifs de qualité indiqueront au parent l'importance de rassurer l'enfant en lui disant **à quel moment** il viendra le chercher pour retourner à la maison. L'éducatrice reconnaîtra en tout temps, la valeur et la place du parent dans la vie de l'enfant et parlera d'eux de façon respectueuse.

Matériels accessibles au moment de l'arrivée et du départ des enfants

- Affiche invitant les parents à entrer dans le local et registre des présences;
- Matériels accessibles et sécuritaires pour les autres enfants pendant que l'éducatrice accueille le parent et l'enfant;
- Matériel exposé (dessins et bricolage) réalisé par l'enfant afin de débuter une discussion avec les parents;
- Photos de la famille (activités familiales ou famille élargie) exposées facilitant ainsi les repères pour l'enfant et les échanges entre l'éducatrice et les parents;
- Panier contenant des pantoufles afin que les parents puissent circuler et entrer dans le local sans crainte de salir le plancher lorsqu'il pleut ou qu'il neige à l'extérieur.

---

[4] Cryer, D., Harms, T. & Riley, C. (2004). *All About the ITERS-R. A detailed guide in words and pictures to be used with the ITERS-R.* Kaplan Early Learning Co. 465 pages

Harms, T., Riley, C. & Cryer, D. (2012). *All About the ECERS-R. A detailed guide in words & pictures to be used with the ECERS-R.* Kaplan Early Learning Co. 444 pages.

8.1.1 Pour un environnement de qualité : quelques questions à se poser en équipe

- ☐ Les parents peuvent-ils s'impliquer dans le service éducatif?
- ☐ Les parents sont-ils invités à échanger avec la direction du service et avec l'éducatrice de leur enfant?
- ☐ Les familles peuvent-elles passer du temps avec leur enfant dans le local?
- ☐ Si l'accueil du matin se fait dans un autre local que celui de l'enfant, est-ce que les membres du personnel échangent des informations entre eux au sujet des enfants?
- ☐ A-t-on prévu des mécanismes de communication si l'enfant change d'éducatrice dans la même journée ou dans la semaine?

8.1.2 Pour une interaction éducative bienveillante : quelques questions à se poser pour l'éducatrice

- ☐ Est-il permis aux parents d'entrer dans le local à tous les matins et de venir chercher l'enfant le soir dans le local?
- ☐ Est-ce que je prends un temps pour échanger avec le parent de chaque enfant à son arrivée et/ou à son départ?
- ☐ Mon accueil de chaque enfant et de chaque parent est-il chaleureux : dire leur nom, utiliser leur langue maternelle, etc. ?
- ☐ Ai-je prévu un temps de communication avec les parents de chaque enfant pour connaître la routine de l'enfant à la maison?
- ☐ Qu'est-ce que j'ai prévu pour aider les enfants à s'intégrer dans le jeu ou dans la routine lorsqu'ils arrivent?
- ☐ Est-ce que je permets à l'enfant de prendre un temps pour terminer son jeu, ou est-ce que je le préviens quelques minutes avant son départ pour la maison afin de faciliter la transition du service éducatif vers la maison?
- ☐ Ai-je prévu une façon de communiquer avec le parent avant le départ pour la maison?
- ☐ De quelles façons les parents peuvent-ils s'impliquer dans la vie de l'enfant au service éducatif?
- ☐ Est-ce que je permets aux enfants d'apporter leur jouet ou des objets favorisant son adaptation (objets sécurisants de la maison)?
- ☐ Y a-t-il dans le local des photos de la vie familiale de l'enfant?
- ☐ Lorsqu'un enfant parle de ses activités familiales, est-ce que je démontre de l'intérêt quant à ce qu'il me dit?

L'arrivée au service éducatif et le départ pour la maison

- ☐ Les parents signent-ils le registre des présences à l'arrivée au service éducatif et au départ pour la maison?
- ☐ Est-ce que je suis disponible si un parent veut me parler d'une inquiétude par rapport à son enfant?

8.2 Démarche de réflexion et de planification : l'arrivée (exemple pratique)

8.2.1 Mise en situation : Arrivée au service éducatif

Comme à tous les matins, Karine accueille les enfants qui arrivent entre 7 h 00 et 9 h 00. Celle-ci dispose de peu de temps entre l'arrivée du premier enfant et le moment prévu pour la collation. Ces derniers temps, elle fait l'intégration d'une petite fille Lysiane, âgée de 9 mois. C'est la première fois que l'enfant se sépare de sa mère qui n'est pas encore retournée au travail depuis l'accouchement.

J'observe la situation

a) Je décris la situation

Sujet	Contenu
Date	4 septembre 2017
Situation observée	Arrivée de la petite Lysiane 9 mois. L'enfant pleure tous les matins et demeure inconsolable une grande partie de la journée. Elle est triste et ne participe pas aux jeux proposés. L'éducatrice a discuté avec sa collègue de cette situation, car elles partagent le même groupe le vendredi. Cette dernière précise qu'elle permet à la petite Lysiane de garder sa « suce » ce qui la rassure pour un petit moment.
Moment d'apparition et fréquence	À tous les matins, et ce, presque toute la journée depuis son arrivée il y a une semaine.
Interventions réalisées	Je la prends dans mes bras, je lui donne son doudou et sa « suce » pour un moment.

Services éducatifs de qualité en petite enfance

Sujet	Contenu
Personnes impliquées	La famille et l'éducatrice
Toutes autres informations	Karine prend le temps de discuter avec les parents afin de connaître les habitudes de la petite Lysiane. Elle constate que sa maman ne l'a jamais fait garder et que c'est la première transition vers un autre milieu. La mère a dû arrêter l'allaitement puisqu'elle recommence le travail. Elle ne pourra nourrir Lysiane qu'en début et fin de journée.

b) J'identifie le besoin prioritaire

Sujet	Contenu
Questionnement	Est-ce que les changements d'habitudes et de routines vécus dans la famille insécurisent Lysiane?
Besoin prioritaire	Lysiane a besoin d'être sécurisée et soutenue dans cette transition.

c) Je vais chercher les informations nécessaires

Sujet	Contenu
Informations	• Karine suit des formations avec une enseignante sur le lien d'attachement et elle connaît les raisons pour lesquelles il est important de sécuriser toute la famille lors d'une nouvelle intégration d'un enfant. • Karine a lu que l'intervention quant au processus de séparation doit se vivre conjointement entre la maison et le service éducatif. Les deux milieux doivent s'engager pour soutenir l'enfant.

L'arrivée au service éducatif et le départ pour la maison

Sujet	Contenu
Informations (suite)	• Karine se documente au sujet de certains services éducatifs qui permettent aux parents d'entrer dans le local et de passer du temps avec leur enfant le matin. • Elle se renseigne sur ce qui peut faire en sorte que l'enfant se sente en sécurité quand ses parents le laissent au service éducatif.
Hypothèses	1. Karine croit que la collaboration avec les parents aidera à faire diminuer l'insécurité manifestée par Lysiane. 2. Karine croit que plus Lysiane vivra d'expériences positives avec elle et plus son insécurité diminuera.

Je planifie mes interventions

Sujet	Contenu
Pour qui	Lysiane et sa famille
Objectifs	Permettre à Lysiane de s'adapter à son nouveau milieu.
Responsables	Karine et ses parents
Ressources	Non requises
Matériel nécessaire	Doudou et suce apportés de la maison et jeux que l'enfant aiment particulièrement.
Quand	Tous les matins
Où	Dans le local de l'éducatrice

Sujet	Contenu
Procédures	• Les parents prendront un moment avec l'enfant dans le local le matin. • Ensemble, ils exploreront l'environnement et les jouets afin d'aider Lysiane à choisir un jeu. • Les parents quitteront quand l'enfant est intéressée à un jeu. • Permettre à la maman de venir allaiter son bébé.
Durée	Pour la prochaine semaine et ce jusqu'à ce que Lysiane s'intéresse aux jeux proposés

Je mets en pratique les interventions

Observations lors de l'intervention	
Jour 1	Le matin, les parents de l'enfant sont entrés dans le local afin de passer du temps avec Lysiane. Ils sont restés 30 minutes pour permettre à la mère d'allaiter dans un environnement discret à l'écart des autres enfants. Déjà, la petite était plus calme par la suite. Par contre, tout de suite après le départ des parents, Lysiane s'est remise à pleurer.
Jour 2	• Lysiane est plus inquiète aujourd'hui. • La mère prend le temps d'allaiter Lysiane et de jouer avec elle. Le père se montre intéressé par les jeux. • Le départ des parents suscite autant de pleurs de la part de l'enfant

L'arrivée au service éducatif et le départ pour la maison

Observations lors de l'intervention	
Jour 3	*Mêmes observations que la veille*
Jour 4	• *Karine ne constate aucun changement lors du départ des parents mais observe que Lysiane commence à interagir peu à peu avec les autres enfants.* • *Elle se serre de plus en plus contre elle lorsqu'elle a besoin d'être réconfortée.*
Jour 5	*Mêmes observations que la veille*

Je fais un retour sur la situation

Retour sur la situation
Les besoins identifiés ont été répondus : Les besoins de sécurité sont à consolider. **Les hypothèses se sont validées :** 1. La collaboration des parents a aidé à faire en sorte que Lysiane soit plus calme lorsqu'ils sont présents. 2. L'anxiété de Lysiane s'est un peu atténuée et elle recherche le contact de l'éducatrice.
Actions à poser
• Continuer à observer les comportements de Lysiane. • Continuer les interventions afin de laisser un temps d'adaptation à l'enfant. • S'assurer de répondre rapidement aux besoins de l'enfant. • Communiquer avec les parents et les rassurer sur l'évolution de la situation de l'enfant.

8.3 Démarche de réflexion et de planification : le départ (exemple pratique)

8.3.1 Mise en situation : Départ pour la maison

Il est presque l'heure pour Thomas, 2 ans et demi, de quitter pour rentrer à la maison. Manon a remarqué que depuis un certain temps, il a beaucoup plus de difficulté à quitter en fin d'après-midi. Thomas refuse de quitter et exprime son refus en continuant à jouer et en ignorant ses parents. Thomas crie et court se cacher si les parents insistent pour qu'il se dépêche. Les parents sont inconfortables devant les autres parents et le personnel. Manon a constaté que les parents de Thomas sont souvent pressés de partir à la maison.

J'observe la situation

a) Je décris la situation

Sujet	Contenu
Date	8 mars 2016
Situation observée	Thomas fait de plus en plus de crises à l'arrivée des parents le soir. Celui-ci est concentré dans son jeu et il ne veut pas le quitter.
Moment d'apparition et fréquence	Presque à tous les soirs de la semaine depuis une semaine
Interventions réalisées	Manon l'oblige à partir en employant un ton disciplinaire et en le prenant dans ses bras pendant que les parents attendent à l'entrée du local.
Personnes impliquées	Manon, Thomas et les parents de Thomas
Toutes autres informations	Les parents de Thomas ont souligné à Manon qu'ils trouvaient cela difficile de venir chercher leur garçon en état de crise le soir. Cela fait en sorte que tout le monde est tendu.

L'arrivée au service éducatif et le départ pour la maison

b) J'identifie le besoin prioritaire

Questionnement	• Manon se demande si l'étape de développement dans lequel est Thomas joue un rôle dans sa façon de réagir par l'opposition. • Manon se demande si le fait de permettre à Thomas de mettre des mots sur son refus aidera la situation.
Besoin prioritaire	Le besoin de Thomas est un besoin de s'accomplir : développer des habiletés langagières afin d'exprimer son refus

c) Je vais chercher les informations nécessaires

Sujet	Contenu
Informations	• Manon se questionne et cherche des informations sur le site internet de « Naitre et grandir ». • Elle sait que l'âge de Thomas peut faire en sorte qu'il cherche à décider et qu'il exprime ses refus par des actions d'opposition. • Elle sait également que plus Thomas pourra dire avec des mots ce qui le motive, moins son comportement devrait être désordonné.
Hypothèses	• Manon pense qu'en donnant des limites dans le temps à Thomas lorsqu'il s'oppose et lui permettre d'apprendre à exprimer avec des mots son refus de quitter l'activité permettra de faire diminuer les comportements d'opposition.

Je planifie mes interventions

Sujet	Contenu
Pour qui	Thomas et sa famille
Objectifs	Faciliter le départ de Thomas en fin de journée
Responsables	Manon et ses parents
Ressources	Non requises
Matériel nécessaire	Aucun
Quand	Tous les soirs
Où	Au local de l'enfant
Procédures	• Manon demandera aux parents leur heure d'arrivée en fin de journée. • Manon préviendra l'enfant quelques minutes avant l'arrivée des parents. • Les parents prendront un temps pour terminer l'activité que Thomas sera en train de réaliser avant de quitter. • Manon s'assurera que si après 5 à 10 minutes de délai entre l'arrivée des parents et leur départ, Thomas n'a pas arrêté son jeu, elle s'approchera de lui et le guidera vers la sortie en lui disant qu'il pourra retrouver son jeu le lendemain.
Durée	Observation pendant 4 jours

L'arrivée au service éducatif et le départ pour la maison

Je mets en pratique les interventions

	Observations lors de l'intervention
Jour 1	• Manon prend le temps d'aviser les enfants quelques minutes avant la fin d'un jeu ou d'une activité tout au long de la journée. • Elle observe quelques difficultés de la part de Thomas à s'arrêter lorsque c'est le temps. • Le père de Thomas est mal à l'aise et n'ose pas rentrer dans le local. Manon étant occupée avec un autre enfant, elle n'a pas pu aller vers lui pour lui faciliter la tâche. • Thomas refuse de quitter et ignore son père. • Manon se dirige alors vers Thomas et, avec calme, elle dit : « C'est difficile d'arrêter un jeu que l'on aime, je te comprends. C'est maintenant le temps de ranger ». Elle lui montre où elle dépose son jeu préféré et qu'il pourra le trouver au même endroit le lendemain. • Thomas quitte avec son père.
Jour 2	• Manon décide de permettre un peu plus de temps aux enfants entre chaque activité. • Elle prévient les enfants avant la fin de chacune des activités et leur parle de l'activité à venir. • Le père de Thomas entre dans le local avec plus d'aisance et s'intéresse au jeu de son fils pendant quelques minutes. Il lui dit qu'il est temps de ranger et lui montre l'endroit où l'éducatrice a déposé son jeu la veille. Thomas ne répond pas et continue de jouer. • Manon se dirige alors vers le duo en disant « Il est difficile d'arrêter, mais c'est le moment Thomas ». Elle prend doucement le jeu et le range à l'endroit désigné. • Thomas quitte avec son père.

	Observations lors de l'intervention
Jour 3	- *Manon applique les modifications mises en place depuis le début de la semaine. Elle laisse le temps à tous les enfants de terminer leur jeu. Elle constate alors que les enfants sont moins pressés et stressés et qu'elle intervient moins à ce sujet.* - *À son arrivée, le père de Thomas se dirige directement vers son fils. Il s'assoit près de lui et s'intéresse à son jeu. Après quelques minutes, le père dit : « il est temps de ranger, je sais que tu aimes ce jeu, tu le retrouveras demain ».* - *Thomas le regarde et dit : « Je ne veux pas ». Le père lui répond : « Je comprends mais, tu as d'autres jeux à la maison, on pourra jouer ensemble ». Le père et le fils quittent.* - *Manon reste à distance du duo et observe l'interaction.*
Jour 4	- *À l'arrivée au service éducatif le matin, la maman de Thomas a souligné que le père a joué avec Thomas la veille. Celui-ci semblait beaucoup plus calme et ils ont passé une belle soirée ensemble.* - *Manon continue d'appliquer les modifications dans sa planification des transitions pour tous les enfants.* - *Le père reprend la même façon que la veille lorsqu'il vient chercher son fils à la fin de la journée. Thomas continue à dire qu'il ne veut pas arrêter son jeu, mais il suit son père.*

L'arrivée au service éducatif et le départ pour la maison

Je fais un retour sur la situation

Retour sur la situation

Les besoins identifiés ont été répondus :

Thomas a pu exprimer avec des mots son refus grâce aux moyens mis en place par Amélie et ses parents (Interaction éducative bienveillante).

Les hypothèses se sont validées :

- Intervenir en limitant le temps a permis à Thomas de dire avec des mots son refus d'arrêter.

- Donner un soutien concret au père afin d'appliquer cette limite a permis à celui-ci de rapidement s'approprier ce moyen.

Actions à poser

- Continuer à consacrer plus de temps dans la planification de la journée afin que tous les enfants puissent terminer leur jeu.

- Poursuivre l'intervention avec les parents de Thomas afin que celui-ci intériorise de nouvelles habiletés d'expression.

8.3.2 Les mesures d'hygiène pour éviter la propagation des microbes

Comme dans tous les milieux, les microbes sont transportés de la population générale vers les services éducatifs ou autres et vice-versa. Il est conseillé à l'éducatrice de se laver les mains à son arrivée au travail. Il est fortement recommandé aux parents de se laver les mains et de laver les mains de leur enfant lors de l'arrivée au service éducatif. Il en est de même lorsqu'ils arrivent à la maison le soir. De plus, un milieu éducatif de qualité partagera avec les familles les informations concernant les virus et les maladies infantiles présentes dans le service éducatif lorsqu'il y a un risque de contagion. Ceci permettra, s'il y a lieu, aux parents de protéger les autres membres de leur famille.

8.3.3 Les mesures de sécurité importantes

Les mesures de sécurité quant à l'arrivée et le départ du service éducatif sont l'affaire de tous les adultes et sont une responsabilité partagée entre l'éducatrice et les parents.

Ainsi, à chaque matin et à chaque départ, le parent doit pouvoir signer un registre de présence afin de signaler la présence ou le départ de son enfant. Lorsque le parent quitte le service éducatif, il doit s'assurer de bien fermer les portes ou les barrières derrière lui, et ce, afin qu'aucun enfant ne puisse se trouver en situation dangereuse.

Tant que l'enfant est physiquement présent dans les installations du service éducatif, les intervenants en sont les premiers responsables. L'éducatrice doit s'assurer de connaître le nom et les coordonnées de toutes les personnes autorisées à venir chercher l'enfant en fin de journée. Le parent est responsable de signaler à l'éducatrice un changement dans cette liste de noms.

8.4 Pour les enfants présentant des besoins particuliers

Les enfants présentant des besoins particuliers sont accueillis de la même façon que tous les autres enfants au service éducatif à la petite enfance le matin. Leur départ pour la maison se déroule également de la même façon.

Toutefois, il peut arriver que ces périodes de transition entre la maison et le service éducatif soient source d'une plus grande anxiété ou encore, créent un déséquilibre chez certains de ces enfants.

Dans ce cas, l'éducatrice se doit de travailler étroitement avec les parents en établissant une communication régulière avec ceux-ci, pour soit instaurer des aménagements temporaires ou permanents efficaces pour faciliter les transitions.

Il est fortement conseillé de développer avec les parents une collaboration qui aidera non seulement l'enfant mais également tous les adultes qui en ont la garde. Nous référons le lecteur au chapitre abordant la démarche de collaboration, d'échanges et de consultation pour plus de détails.

L'arrivée au service éducatif et le départ pour la maison

8.5 Exemple d'une situation éducative de qualité lors de l'arrivée

Il est 8 h 05 lorsque la petite Mathilde, âgée de 20 mois, arrive au local avec sa mère Caroline. Francine, l'éducatrice, les accueille avec un sourire et une intonation joyeuse. Elle leur dit : « *Bonjour Mathilde, c'est maman qui vient te reconduire ce matin! Comment allez-vous?* » Mathilde et ses parents ont la même routine chaque matin.

La rencontre faite par Francine, en début d'année, a aidé les parents de Mathilde à comprendre le fonctionnement du service éducatif qu'ils fréquentent pour la première fois. Ils ont aussi pu discuter avec l'éducatrice et par ce fait mieux comprendre son rôle et le rôle qu'ils ont à jouer en tant que parents dans la vie de leur fille au service éducatif.

Comme tous les matins, Mathilde se dévêt avec le soutien de sa mère après avoir dit bonjour à Francine. Ensuite, elle et sa mère entrent dans le local. Caroline laisse ses souliers d'extérieur sur le tapis qui est déposé à l'entrée du local.

Pendant ce temps, Mathilde va chercher ses souliers d'intérieur et les apporte à sa mère pour qu'elle l'aide à les mettre. Pendant cette courte routine, Francine et la mère en profitent pour discuter. Caroline raconte à Francine qu'hier Mathilde a dit un nouveau mot au cours d'un moment de lecture. Elle parle ensemble des nuits qui sont plus difficiles car Mathilde fait beaucoup de cauchemars. L'éducatrice la rassure et lui propose un livre qui aborde ce thème qui pourrait l'aider. La mère rapporte aussi que Mathilde avait peu d'appétit ce matin, alors elle a seulement mangé une banane. Francine informe Caroline qu'un enfant dans l'un des groupes de plus grands a eu la gastroentérite, donc il est encore plus essentiel de bien se laver les mains.

Lorsque Mathilde est chaussée, elle et sa mère vont au lavabo pour laver leurs mains. Par la suite, Mathilde et sa mère vont dans l'aire de jeux où Francine et d'autres enfants du groupe sont en train de s'amuser. Caroline montre à Mathilde un casse-tête qui n'était pas là la veille. Mathilde le prend et s'assoit avec sa mère pour commencer à jouer. La mère informe sa fille qu'elles vont jouer 5 minutes ensemble et qu'elle va par la suite partir travailler.

Il est maintenant temps pour Caroline de partir, elle informe Mathilde qu'elle part travailler et qu'elle va revenir après sa sieste. Elles s'embrassent et s'enlacent. Mathilde agrippe sa mère au cou et se met à pleurer. Francine les rejoint. Elle prend Mathilde dans ses bras. Elle lui dit : « *C'est normal d'être triste quand maman part travailler. Nous allons passer une magnifique journée ensemble à faire des activités. Veux-tu aller faire "bye-bye" à maman par la fenêtre?* » Mathilde et Francine vont ensemble faire au revoir à la mère et s'assoient ensuite pour continuer à s'amuser avec le casse-tête choisi par l'enfant.

8.6 Exemple d'une situation éducative de qualité lors du départ

Il est 16 h, Camille a terminé la désinfection du coin-repas après la collation. Elle commence progressivement la préparation de la fin de journée. Elle a complété ses journaux de bord qui transmettent de l'information aux parents. Elle a porté une attention particulière pour noter certains comportements nouveaux qui se sont manifestés au cours de la journée. Camille a observé les heures de départ des enfants, ce qui la guide pour la préparation de la fin de journée. Elle prodigue les soins d'hygiène à chaque enfant en commençant par les enfants qui quittent plus tôt. Ensuite, elle s'assure que tous les effets personnels des enfants sont au bon endroit afin d'en faciliter l'accessibilité aux parents. Puisqu'elle termine à 16 h 45, Camille ne voit pas tous les parents des enfants de son groupe en fin de journée. Toutefois, elle s'assure qu'ils auront toute l'information sur la journée de leur enfant. Elle pourra également faire un retour avec eux le lendemain matin.

Camille invite les parents à entrer dans le local pour favoriser une transition en douceur vers la maison. Geneviève, la mère de Loïc, vient d'arriver. Elle a retiré ses bottes sur le tapis à cet effet et entre dans le local. Loïc est concentré à confectionner une tour avec des contenants de plastique et il n'a même pas réalisé que sa mère est arrivée.

À ce moment, Camille change la couche d'un autre enfant. Elle accueille Geneviève et lui fait un portrait de la journée de son fils, et ce, tout en terminant de changer l'enfant. Elle lui raconte que Loïc était agité au début de la sieste mais, qu'elle l'a aidé à se réinstaller confortablement et l'a invité à porter son attention sur la musique.

L'arrivée au service éducatif et le départ pour la maison

Camille rapporte aussi que Loïc a été capable de mettre seul sa tuque et son pantalon de neige aujourd'hui. Elle souligne qu'il devient de plus en plus autonome.

Geneviève va rejoindre Loïc qui s'affaire toujours à construire sa tour de contenants. Lorsqu'il voit sa mère, il pousse un cri d'enthousiasme, mais ne quitte pas son jeu. Geneviève demande à Loïc, « *Es-tu prêt pour rentrer à la maison?* ». Il lui fait signe que non de la tête et dit « *Encore, encore* ». Geneviève et Camille ont déjà discuté de cette situation. Geneviève sait maintenant comment réagir avec Loïc lorsqu'il ne veut pas quitter son jeu. Elle s'assoit près de lui et l'informe qu'ils vont refaire une dernière fois la tour et qu'ensuite ils partiront pour aller à la maison. Une fois la tour exécutée, Camille invite Loïc à ranger les contenants pour ensuite quitter calmement avec sa mère.

9 | Le jeu libre

La période de jeu libre occupe la majeure partie de la journée au service éducatif à la petite enfance. La journée peut toutefois être entrecoupée de courtes périodes en petits groupes ou en équipes planifiées en fonction de l'âge et des besoins des enfants. Ces activités semi-dirigées préparées par l'éducatrice sont planifiées à partir des intérêts des enfants du groupe pour susciter leur attention ou discuter avec ceux-ci de leurs réalisations[1].

Lors de la période de jeu libre, l'enfant peut décider de son activité sans contrainte. Il structure et dirige son jeu à sa guise. Les jeux choisis par les enfants peuvent être des jeux où ils expérimentent des règles avec d'autres enfants, des jeux d'exploration (contact avec les éléments naturels comme l'eau, le sable, les insectes, etc.), de construction (blocs de tailles variées incluant des gros blocs), de création d'objets (bricolage, dessin, etc.) et des jeux symboliques (faire semblant, imitation de rôles familiaux ou sociaux, etc.)[2].

Tous ces types de jeux permettent le jeu symbolique, soit la création d'une situation imaginaire et le jeu de rôle qui sont des sources importantes d'apprentissages pour les enfants âgés de moins de 5 ans. Plusieurs ouvrages abordent avec justesse l'importance du jeu symbolique chez les enfants d'âge préscolaire. Le jeu symbolique permet le développement des habiletés cognitives, favorise le développement de la confiance en soi et de l'autorégulation des émotions par les découvertes que l'enfant réalise lors de ses explorations[3]. Nous ne reprenons pas ici ces éléments concernant le jeu symbolique afin de nous concentrer sur l'objet premier de notre propos qui est l'aménagement d'un environnement de qualité.

La période de jeu libre qui permet à l'enfant d'explorer est un moment de vie qui exige une planification réfléchie des aménagements de la part de l'éducatrice, et ce, contrairement à ce que peut

---

[1] Cryer, D., Harms, T. & Riley, C. (2004). *All About the ITERS-R. A detailed guide in words and pictures to be used with the ITERS-R.* Kaplan Early Learning Co. 465 pages

Harms, T., Riley, C. & Cryer, D. (2012). *All About the ECERS-R. A detailed guide in words & pictures to be used with the ECERS-R.* Kaplan Early Learning Co. 444 pages.

[2] Hohmann, M., Weikart, D.P., Bourgon, L. & Proulx, M. (2007). *Partager le plaisir d'apprendre. Guide d'intervention éducative au préscolaire.* 2ᵉ édition. Traduction de : *Educating Young Children*, Second Edition, de Hohmann, M. & Weikart, D. (2002). Montréal, Les Éditions de la Chenelière inc.

[3] Bodrova, E. & Leong, D. (2012). *Les outils de la pensée : l'approche vygotskienne dans l'éducation à la petite enfance.* Traduction française de la 2ᵉ édition de : Tools of mind par M.-G. Maynard. Presses de l'Université du Québec. Collection Éducation à la petite enfance.

laisser entendre le terme « libre ». Il est donc essentiel d'analyser plus en détail comment l'aménagement de l'environnement physique et humain peut soutenir le jeu symbolique afin qu'il favorise le développement des compétences de l'enfant.

Lors de la période de jeu libre, l'adulte demeure actif. Il accompagne, mais n'oriente pas le jeu de l'enfant en l'enrichissant au besoin, et ce, au moment même où il se déroule par une chanson, une comptine, du matériel supplémentaire, par une parole venant compléter une idée de l'enfant, etc. L'éducatrice met ainsi en place une interaction éducative bienveillante car elle permet aux enfants d'explorer et de découvrir leurs propres réponses au problème posé par le jeu choisi ce qui stimule, après plusieurs expériences de ce type, l'intériorisation d'un sentiment de confiance.

Par exemple, une éducatrice observe que deux enfants âgés de 3 ans et demi jouent avec de gros blocs de bois et construisent une structure en hauteur qui est instable et qui risque de s'effondrer. Dans un premier temps, elle attendra de voir si la structure s'écroule. Que celle-ci s'effondre ou non, elle s'approchera des enfants afin d'enrichir leur jeu par des questions susceptibles de développer, par exemple leur raisonnement. Elle dira : « *Wow! C'était une belle tour et elle est très haute! Elle est tombée! Comment se fait-il qu'elle soit tombée?* » Ou bien, si la tour est demeurée debout : « *Wow! Elle est haute et elle tient même si elle oscille. Comment faites-vous ça?* »

Elle n'a pas besoin de réponse immédiate, elle sème un questionnement de causalité et observe la réaction des 2 enfants. Le jeu d'exploration sur lequel les enfants ont le contrôle se poursuit et elle observe ce que font les enfants avec sa question, prête à enrichir leur jeu avec des commentaires ou du matériel comme un livre qui présente les plus hautes tours du monde, des figurines de personnages ou d'animaux gravitant autour ou encore, des accessoires appuyant l'imaginaire des enfants pour qui la tour est tout à coup devenue un château.

Avec des enfants plus jeunes, elle pourrait s'asseoir par terre et réaliser la tour avec eux en s'amusant du fait qu'elle soit instable par exemple. Elle pourra commenter le discours des enfants en ajoutant que les blocs choisis sont *gros et bleus* en les comparant à de *plus petits blocs verts* que les enfants n'ont pas choisis. Elle agira ainsi selon l'âge et les besoins développementaux des enfants.

9.1 Un environnement de qualité – le jeu libre

Dans les moments de jeu libre, **l'environnement doit être aménagé afin de permettre à l'enfant de faire des choix**. Il fait ce choix en fonction de ses intérêts mais également, en fonction ce que lui offre l'environnement. Un environnement de qualité pour le jeu libre est un environnement offrant une variété de choix à l'enfant dans des domaines divers avec une quantité suffisante de matériel accessible aux enfants[4]. Ainsi, le matériel est disposé afin que les enfants puissent y avoir accès par eux-mêmes une bonne partie de la journée.

Selon Harms et ses collègues, l'aménagement d'un environnement de qualité propose entre trois et cinq aires de jeux disposées de telle sorte que les enfants puissent circuler librement entre celles-ci. Les armoires sont ouvertes, ne sont pas surchargées et le matériel y est facilement accessible. Le mobilier est solide et propre. Les espaces calmes sont séparés des autres espaces et un endroit est prévu pour permettre à un enfant de se retirer s'il en ressent le besoin. Le mobilier est installé afin de décourager la course dans le local et permet une surveillance visuelle de la part de l'éducatrice.

Les aires de jeu proposent du matériel permettant des expériences variées (voir Harms et ses collègues). Dans un environnement de qualité, il est possible de trouver plusieurs aires répondant aux besoins développementaux des enfants :

- ☐ Une aire réservée à la lecture aménagée de manière douillette pour inviter les enfants à s'y arrêter et proposant, en plus des livres dans des domaines variés, du matériel langagier;

- ☐ Une aire réservée aux activités de motricité fine et aux arts plastiques;

- ☐ Une aire favorisant l'expression corporelle et l'utilisation de matériel musical (instruments de musique, magnétophone, musique de différentes cultures);

- ☐ Une aire de blocs de toute sorte agrémentée d'accessoires enrichissant le jeu de construction : figurines de personnages et d'animaux ou véhicules par exemple;

---

[4] Harms, T., Cryer, D. & Clifford, R.M. (1998 et suivantes)

- ☐ Une aire de déguisement et de jeux symboliques permettant aux enfants de jouer des rôles familiaux ou des métiers. Par exemple, une cuisinette avec des accessoires de cuisine ou des poupées. Des accessoires présentant divers métiers ou différentes cultures;

- ☐ Une aire de matériel pour les sciences naturelles : collections d'objets de la nature trouvés sur le terrain du service éducatif ou apportés de la maison (pierres, feuilles d'arbres, insectes), matériel pour réaliser des expériences de sciences (aimants et loupes par exemple), des livres ou jeux sur la nature.

Afin de valoriser les activités réalisées par les enfants, l'éducatrice veillera à afficher leurs productions de la semaine. Elle disposera également sur les murs des affiches représentant la saison en cours, des photos des enfants et de leur famille, des illustrations dépourvues de stéréotypes présentant des métiers ou des personnes de culture différente. Cette exposition des réalisations des enfants ou d'autre matériel peut devenir des occasions pour échanger avec les enfants et ainsi développer leur vocabulaire ou encore, avec les parents pour aborder les progrès de leur enfant.

Selon les intérêts manifestés par les enfants, l'éducatrice peut ajouter accessoirement du matériel nouveau à l'aménagement régulier qui lui, doit néanmoins demeurer le plus stable possible. Un aménagement favorisant le développement d'un sentiment de sécurité intérieure chez l'enfant est un environnement où l'enfant retrouvera chaque matin ses mêmes points de repère. Il retrouvera son casse-tête favori au même endroit où il l'a déposé la veille. L'aménagement de l'environnement devient un soutien concret à l'intervention de l'éducatrice dans son rôle éducatif.

9.1.1 Pour un environnement de qualité : quelques questions à se poser en équipe

- ☐ Le jeu libre occupe-t-il la majeure partie du temps que l'enfant passe au service éducatif?

- ☐ Les aires de jeu sont-elles aménagées de façon à ce que l'espace et le matériel soient appropriés à l'âge des enfants?

- ☐ Y a-t-il suffisamment de matériel?

- ☐ L'espace permet-il aux enfants de bouger librement et en toute sécurité?
- ☐ Les enfants présentant des besoins particuliers ont-ils accès aux aires de jeux?
- ☐ Le matériel présente-t-il les différences liées à l'âge, le genre, la race ou la culture de manière non stéréotypée?
- ☐ Le matériel proposé stimule-t-il une grande variété d'habiletés?

9.1.2 Pour une interaction éducative bienveillante : quelques questions à se poser pour l'éducatrice

- ☐ Lorsque je planifie des activités en groupe, ai-je prévu d'autres matériels accessibles si les enfants ne manifestent pas d'intérêt pour l'activité proposée?
- ☐ Ai-je prévu un coin où un enfant pourrait se retirer pour se reposer?
- ☐ Est-ce que j'utilise mes observations des intérêts des enfants afin de planifier mes activités semi-structurées?
- ☐ L'environnement propose-t-il une variété de jeux accessibles en bonne quantité pour chaque enfant du groupe?
- ☐ L'enfant peut-il choisir librement son jeu?
- ☐ Les enfants de mon groupe ont-ils du plaisir à jouer?
- ☐ Est-ce que je me place à la hauteur des enfants lorsqu'ils jouent?
- ☐ Est-ce que je peux voir chaque enfant lors de son jeu libre?
- ☐ Est-ce que je pose des questions à l'enfant pour l'aider à structurer et à évoluer dans son jeu et ses idées?
- ☐ Est-ce que j'ajoute du matériel, selon mes observations des intérêts de l'enfant, afin de stimuler son développement?
- ☐ Est-ce que je m'intéresse aux activités que les enfants font avec leur famille?

9.2 Démarche de réflexion et de planification : Exemple pratique

9.2.1 Mise en situation : Jeu libre

Il est 10 h et les enfants viennent de terminer la collation et le lavage des mains. Mélanie a préparé une activité de bricolage pour les enfants de son groupe (4 ans). La fête des Pères approche et Mélanie souhaite que les enfants fabriquent une carte avec un dessin de fleur pour l'offrir à leur père. Les enfants se mettent rapidement à la tâche aussitôt que l'éducatrice commence à sortir le matériel. Nathan s'empresse de s'asseoir car il adore ce genre d'activité.

Delphine prend le gros crayon-feutre et un bout de papier et commence tout de suite à dessiner. Mélanie dirige le dessin de Cloé afin qu'elle fasse une belle carte qui ne représentera pas de gribouillis. Mélanie tente d'expliquer l'activité, mais les enfants sont déjà tous affairés à fabriquer leur carte.

Pendant ce temps, Maëlle est dans l'aire de jeux symboliques avec une poupée et elle ne veut rien faire d'autre. Sandrine se lève pour aller la rejoindre. Mélanie doit faire plusieurs rappels aux deux fillettes qui n'obtempèrent pas à ses demandes. Mélanie veut que le bricolage se fasse aujourd'hui.

J'observe la situation

a) Je décris la situation

Sujet	Contenu
Date	30 mai 2017
Situation observée	La petite Maëlle ne veut pas faire l'activité d'arts plastiques ce qui nuit à l'ambiance dans le groupe.

Sujet	Contenu
Moment d'apparition et fréquence	Lors de l'activité d'arts plastiques
Interventions réalisées	• Mélanie a essayé de convaincre Maëlle en lui montrant un exemple de carte. • Elle lui a aussi dit que si elle ne participait pas son papa aurait de la peine de ne pas recevoir de carte.
Personnes impliquées	Éducatrice et l'enfant
Toutes autres informations	Aucune

b) J'identifie le besoin prioritaire

Questionnements	• Mélanie se questionne sur les moyens de faire en sorte que Maëlle se joigne au groupe quand elle fait une activité d'arts plastiques. • Elle se demande comment animer ce type d'activité avec 8 enfants autour de la table qui dessinent en même temps. Elle doit faire beaucoup de discipline.
Besoin prioritaire	Maëlle doit développer ses habiletés de motricité fine (besoin de s'accomplir).

Le jeu libre

c) Je vais chercher les informations nécessaires

Sujet	Contenu
Informations	• Mélanie va relire ses notes sur le développement des enfants et se réfère aux informations sur le jeu libre dans le programme éducatif. • Elle discute avec une collègue qui lui dit qu'elle préfère animer les activités d'arts plastiques en divisant son groupe en équipes de 3 à 4 enfants. Elle se sent plus à l'aise de donner un soutien personnalisé à certains enfants. Elle trouve que c'est plus facile à animer car pendant le bricolage, les autres enfants sont en jeu libre. Elle lui dit qu'elle donne des pauses aux enfants afin que l'activité ne soit pas trop longue. Elle préfère y revenir un peu plus tard dans la journée si elle commence à faire trop de rappels disciplinaires aux enfants. • Dans ses lectures, Mélanie redécouvre le fait que les productions en arts plastiques des enfants peuvent être beaucoup plus personnalisées et n'ont pas besoin d'être « parfaites ».
Hypothèses	1. Mélanie croit qu'elle pourra plus facilement intéresser Maëlle aux arts plastiques si elle intègre l'activité à l'horaire régulier. 2. Mélanie croit qu'elle pourra plus facilement accorder une attention particulière à Maëlle si elle divise son groupe en 2 groupes : arts plastiques et jeu libre.

Je planifie mes interventions

Sujet	Contenu
Pour qui	Mélanie et Maëlle
Objectifs	• Intéresser Maëlle aux activités d'arts plastiques. • Permettre aux autres enfants du groupe de recevoir une attention particulière lors des arts plastiques.
Responsables	Mélanie
Ressources	Prévoir l'accès aux jeux libres
Matériel nécessaire	Aménager le local afin de permettre le jeu libre en même temps que l'art plastique
Quand	Lors des jeux libres
Où	Au local des enfants
Procédures	• Elle mettra en place plusieurs aires avec du matériel accessible pour les enfants. • Elle permettra aux enfants de participer à son activité d'arts plastiques tout en leur permettant un jeu libre. • Elle modifiera l'horaire de sa journée pour laisser le plus de temps aux jeux libres. • Mélanie préviendra Maëlle de la tenue l'activité de bricolage avant la collation.
Durée	Mélanie fera des observations des impacts de ce changement lors de la prochaine activité d'arts plastiques

Le jeu libre

Je mets en pratique les interventions

	Observations lors de l'intervention
Jour 1	- La veille, Mélanie a aménagé des aires de jeux dans son local. - Elle profite de la collation pour expliquer aux enfants le nouvel aménagement et comment ils peuvent l'utiliser. - Elle laisse les enfants explorer le nouvel aménagement. - Elle observe les intérêts des enfants et participe à certains jeux.
Jour 2	- Mélanie a enlevé du matériel dans certaines armoires car elle a observé la veille que les enfants ne pouvaient prendre ce matériel sans que ce qui est autour ne tombe. - Elle observe le jeu des enfants et note leurs intérêts.
Jour 3	- Mélanie a séparé son groupe en équipes de 4 enfants. Elle s'assoit à la table du bricolage. - Les autres enfants s'amusent en jeu libre. - Maëlle est calme et s'amuse seule avec les poupées qu'elle chérit particulièrement depuis quelques semaines. - Mélanie se dirige vers Maëlle et lui suggère d'apporter sa poupée à la table de bricolage pour lui montrer comment on dessine un poisson (Maëlle a parlé de la pêche avec son père à la collation). - Maëlle lui répond qu'elle viendra « tantôt ».

Observations lors de l'intervention	
Jour 3 (suite)	• Mélanie retourne à la table de bricolage et s'affaire à animer l'activité d'arts plastiques avec les enfants participants. Tous ont beaucoup de plaisir ce qui attire l'attention de Maëlle qui se dirige vers la table avec sa poupée. • Maëlle prend les crayons et une feuille et débute son dessin en le commentant pour sa poupée.

Je fais un retour sur la situation

Retour sur la situation
Les besoins identifiés ont été répondus : Mélanie a réussi à intéresser Maëlle à l'activité d'arts plastiques. Cette dernière peut ainsi développer ses habiletés de motricité fine. **Les hypothèses se sont validées :** 1. Mélanie constate que Maëlle a réussi à réaliser l'activité d'arts plastiques suite à son intervention. 2. Mélanie a pu soutenir Maëlle de manière personnalisée en séparant son groupe en 2.

Actions à poser
• Proposer plus souvent des activités de bricolage en petits groupes dans l'horaire quotidien; • Continuer à utiliser les moments où les enfants sont tous assis à une table pour transmettre les informations; • Ajouter du matériel en fonction de l'observation des intérêts des enfants dans les aires de jeux.

9.2.2 Des mesures d'hygiène pour éviter la propagation des microbes

Lors des jeux libres, certaines mesures d'hygiène s'imposent afin d'éviter une contamination du matériel. Ainsi tout le matériel qui a été en contact avec les mains ou la bouche des enfants doit être envoyé en désinfection.

9.2.3 Les mesures de sécurité importantes

La période de jeu libre telle que décrite dans ce chapitre nécessite la présence bienveillante de l'éducatrice en tout temps. Celle-ci doit se placer dans le local de façon à surveiller chaque enfant pendant son jeu. Selon l'âge des enfants, le matériel d'arts plastiques et de motricité fine pourra être utilisé seul ou uniquement avec la supervision de l'éducatrice. Afin de veiller à la sécurité des enfants, les éducatrices s'assurent de garder à jour l'inventaire du matériel et vérifient son intégralité.

9.3 Pour les enfants présentant des besoins particuliers

Les enfants présentant des besoins particuliers sont intégrés aux mêmes activités que les autres enfants du groupe. Les aires de jeu sont aménagées de telle sorte qu'ils puissent y accéder aisément. L'éducatrice s'assure que le matériel convienne à l'âge et au niveau de maturité des enfants, et ce, plus particulièrement avec les enfants pouvant présenter des retards de développement. Des modifications peuvent être apportées à la programmation de la journée afin de répondre aux besoins particuliers d'un enfant. Ainsi, les besoins d'un enfant se déplaçant en fauteuil roulant ne seront pas les mêmes que ceux d'un enfant avec un problème d'hyperactivité ou ayant des difficultés relationnelles. Ces besoins diversifiés doivent être pris en compte lors de la planification de l'horaire quotidien.

Le jeu libre est un moment privilégié pour faire des observations sur la manière d'apprendre d'un enfant, sur ses façons d'entrer en relation, sur la façon dont il aborde un problème qui se présente à lui ou sur les moyens utilisés pour résoudre un conflit. L'éducatrice peut noter les activités qui suscitent le plus d'intérêt pour l'enfant et lui proposer du matériel venant diversifier celles-ci et ajouter à son éventail d'intérêts. L'éducatrice partage ses observations avec les différents intervenants qui travaillent avec l'enfant et participe à la mise en place du plan d'intervention.

9.4 Exemple d'une situation éducative de qualité lors d'une période de jeu libre

Il est 10 h 30, France revient d'une activité extérieure avec les enfants de son groupe (4 ans). Ils viennent tout juste de terminer de laver leurs mains. France prend sa chaise de sol et s'assoie près des enfants car elle se sent plus confortable ainsi et elle a remarqué qu'elle avait moins mal au dos à la fin de journée. Elle observe chaque enfant. Loïc est dans l'aire de motricité globale et s'amuse à monter et descendre du coussin en forme d'escalier. France a alors l'idée d'ajouter des coussins pour former un petit circuit. Elle le propose à Loïc qui, très content, se dépêche à commencer à circuler dans son nouveau circuit.

Pendant ce temps, elle entend Mathilde et Laura qui crient en tirant sur une poupée que les deux tiennent chacune de leur côté. France s'approche des fillettes et leur dit « *Vous voulez avoir la même poupée, hum c'est un problème. Comment allez-vous faire?* » Les fillettes cessent de tirer sur la poupée tant convoitée et la regardent. France leur montre les autres poupées disponibles un peu plus loin et ajoute : « *Peut-être y en a-t-il une autre aussi belle dans le panier? Je vois même des vêtements* ». Les fillettes laissent la poupée et se dirigent vers le panier. Le jeu reprend et France se choisit une poupée qu'elle commence à habiller tout en décrivant ce qu'elle fait. Laura réussit à habiller sa poupée seule alors que Mathilde a eu besoin du soutien de France pour mettre les souliers et le chapeau.

Chloé vient rejoindre France avec un livre pour qu'elle le regarde avec elle. France va donc s'assoir dans le coin calme avec Chloé et elles regardent ensemble le livre. Deux enfants se joignent à eux et écoutent l'histoire avec attention. Pendant sa lecture, France observe les autres enfants. Elle constate que Frédéric joue depuis le début de la période avec la maison de poupées et ses personnages. France se dit qu'elle est portée à oublier Frédéric qui est plus isolé et qui est beaucoup moins demandant que certains autres enfants. Elle a l'impression de l'oublier dans la routine du quotidien. Elle se dit qu'elle prendra du temps avec lui lors des prochaines périodes de jeu libre.

10 | Le jeu extérieur

La période de jeu extérieur est idéale afin de favoriser le développement physique de l'enfant. Plusieurs études ont montré que plus l'enfant passe de temps à l'extérieur, plus son niveau d'activité physique est élevé, ce qui augmente ainsi les bénéfices liés à l'activité physique sur sa santé[1]. Le développement moteur de l'enfant y est favorisé par l'utilisation de la force physique, la sollicitation de l'équilibre et de la coordination. L'enfant apprend à coordonner et à contrôler ses mouvements et de ce fait, il améliore sa posture et son équilibre. De plus, il a été démontré que le comportement de l'enfant est modifié lorsqu'il a accès à un vaste espace, il devient alors plus actif et a tendance à courir davantage[2].

L'activité à l'extérieure permet à l'enfant de vivre des expériences en contact avec la nature. Elle l'aide à découvrir le monde qui l'entoure. Par elle, l'enfant développe aussi ses sens par des expériences comme manipuler la terre, le sol et la neige. C'est pourquoi il est utile d'aménager des aires de jeux dans la cour avec des thèmes particuliers et de rendre accessible une variété de matériel en considérant l'environnement extérieur comme le prolongement des aires de jeu intérieur. En facilitant le déroulement des activités extérieures et en aménageant les lieux, cela favorise le sentiment de sécurité et aide l'enfant à devenir plus autonome[3].

La période de jeu extérieur planifiée de telle sorte que l'enfant puisse explorer est également bénéfique pour son développement. Il offre l'occasion à l'enfant de stimuler son raisonnement car il doit prendre des décisions et résoudre des problèmes dans un environnement moins structuré que celui de l'intérieur[4]. Cette variabilité stimule aussi le développement de la créativité, de l'attention et de l'autodiscipline. Sur le plan émotif, il favorise un sentiment de bien-être et permet une

---

[1] Sallis, J.F., Prochaska, J.J. & Taylor, W.C. (2000). A review of correlates of physical activity of children and adolescents. *Medicine and science in sports and exercise*, May; 32(5): 963-975.

Fjortoft, I. & Sageie, J. (2000). The Natural Environment as a Playground for Children: Landscape Description and Analyses of a Natural Playscape. *Lanscape and Urban Planning*, 48, 83-97.

[2] Dhingra, R., Manhas, S. & Raina, A. (2005). Play Pattern in Preschool Setting. *Journal of Human Ecology*, 18(1), 21-25.

[3] Cryer, D., Harms, T. & Riley, C. (2004). *All About the ITERS-R. A detailed guide in words and pictures to be used with the ITERS-R*. Kaplan Early Learning Co. 465 pages

Harms, T., Riley, C. & Cryer, D. (2012). *All About the ECERS-R. A detailed guide in words & pictures to be used with the ECERS-R*. Kaplan Early Learning Co. 444 pages.

[4] Dhingra, R., Manhas, S. & Raina, A. (2005). Play Pattern in Preschool Setting. *Journal of Human Ecology*, 18(1), 21-25.

Le jeu extérieur

réduction du stress et de l'agressivité. Il permet aussi à l'enfant de développer la coopération, d'apprendre les interactions sociales et ainsi, développer ses habiletés sociales. Ces acquisitions sociales favoriseront la socialisation et l'intégration de l'enfant à l'école.

10.1 Un environnement de qualité – jeu extérieur

Dans un service éducatif de qualité, une période de jeu extérieur est prévue à chaque jour[5]. Ainsi, aussitôt que la température le permet, les enfants sont invités à jouer à l'extérieur. Dans un pays nordique comme le nôtre, il est facilement imaginable que la température ne soit pas toujours idéale. Ainsi, une pluie fine ou encore de la neige qui tombe ne devrait pas freiner nos élans vers l'extérieur. Seules des températures extrêmes (chaleur et froid) et réglementées comme telles[6] font en sorte que les activités physiques ou autres activités prévues à l'extérieur se vivront à l'intérieur.

Dans un service éducatif de qualité, l'éducatrice planifie la période de jeux extérieurs avec autant de soin et d'attention que lorsqu'elle planifie ses activités intérieures. Ainsi, l'activité extérieure permet de vivre des expériences qui ne se vivent pas à l'intérieur. L'éducatrice s'assure qu'une quantité suffisante de matériel est accessible et en grande variété afin que chaque enfant puisse jouer et être en mesure de choisir son jeu (voir Harms et ses collègues). Le matériel permet aux enfants de marcher, de se balancer, de ramper, de construire et de jouer à la balle par exemple. En plus des jeux physiques, l'environnement de qualité à l'extérieur permet de vivre des découvertes dans le domaine de la nature et des sciences avec par exemple, un bac à sable, des jeux d'eau pour transvaser, vider ou mesurer; par la plantation de graines de légumes ou de fleurs que l'on observe pousser, etc.[7] Toutes ces activités d'exploration préparent l'enfant à son entrée à l'école en lui permettant de découvrir le plaisir d'apprendre.

---

[5] Cryer, D., Harms, T. & Riley, C. (2004). *All About the ITERS-R. A detailed guide in words and pictures to be used with the ITERS-R*. Kaplan Early Learning Co. 465 pages

Harms, T., Riley, C. & Cryer, D. (2012). *All About the ECERS-R. A detailed guide in words & pictures to be used with the ECERS-R*. Kaplan Early Learning Co. 444 pages.

[6] Melsbach, S. (2005). *Enfant en sécurité : une responsabilité du personnel éducatif.* Saint-Hubert (Québec) : RCPEM. 16 pages.

[7] Cryer, D., Harms, T. & Riley, C. (2004). *All About the ITERS-R. A detailed guide in words and pictures to be used with the ITERS-R*. Kaplan Early Learning Co. 465 pages

Harms, T., Riley, C. & Cryer, D. (2012). *All About the ECERS-R. A detailed guide in words & pictures to be used with the ECERS-R*. Kaplan Early Learning Co. 444 pages.

Idéalement, l'espace de jeu extérieur se situe sur le terrain du service éducatif. Si l'éducatrice décide de se rendre avec les enfants de son groupe au parc municipal, elle doit savoir que la distance maximum séparant le service éducatif et le parc municipal ne doit pas excéder 150 mètres[8].

Pourquoi cette distance, peut-on se demander? Simplement parce que l'activité extérieure doit aider les enfants à développer d'autres habiletés que leur capacité à marcher de manière disciplinée sur un trottoir. De plus, l'éducatrice doit être accompagnée d'un autre adulte afin de **prévenir les situations d'urgence**.

L'aire de jeu extérieur devrait être suffisamment grande et offrir un abri en cas de pluie ou de soleil trop intenses. De plus, l'encadrement et la surveillance sont nécessaires pour prévenir toute sorte de blessures[9].

Certains milieux éducatifs de qualité prévoient un sac à dos déjà préparé que l'éducatrice prend avec elle en sortant. Ce sac comprend une feuille de présence afin que soit accessible rapidement le nom des enfants présents, une trousse de premiers soins, une boîte de mouchoirs, de la crème solaire, etc.

Plusieurs aires de jeux à l'extérieur

- ☐ Jeux de balles ou de ballons avec un panier ou un terrain plat pour faire rouler le ballon;
- ☐ Route pour les tricycles ou petites voitures;
- ☐ Activités de jeux calmes pour faire de l'art plastique ou de la musique;
- ☐ Jeux d'expression libre ou d'imitation des rôles familiers pour jouer avec les poupées ou encore, un coin cuisine pour préparer un repas à l'extérieur;
- ☐ Jeux de blocs pour réaliser de grosses constructions qui ne peuvent être faites à l'intérieur;
- ☐ Jeux de sable ou jeux d'eau propres et recouverts en tout temps auxquels il est possible d'ajouter du matériel selon les intérêts des enfants.

---

[8] Harms, T., Cryer, D. & Clifford, R.M. (1998 et suivantes)
[9] https://www.mfa.gouv.qc.ca/fr/publication/Documents/SF_guide_act_exterieures.pdf

Le jeu extérieur

L'éducatrice met en place et anime des activités préparant les enfants à ce qu'ils vivront à l'extérieur. Ainsi, elle rend accessibles des livres sur la nature (arbres, oiseaux, la pluie, les orages, la pêche, des animaux, etc.), elle demande aux enfants d'apporter des photos d'eux avec des membres de leur famille prises lors d'une activité extérieure, fabrique avec les enfants des mangeoires pour les oiseaux, affiche des illustrations de la saison en cours en n'oubliant pas de les changer après 2 semaines d'exposition afin de maintenir l'intérêt des enfants ou encore, profite d'une discussion avec les enfants pour parler de la température extérieure, des activités qu'ils aiment faire en famille ou du livre regardé.

Lorsque la température ne permet pas de jeux à l'extérieur, l'éducatrice utilise la salle de motricité prévue dans presque tous les services éducatifs. Toutefois, si un tel local n'est pas disponible, l'éducatrice imagine des jeux faisant appel à la motricité globale dans son local ou encore, dans les corridors. Ainsi, le corridor peut devenir un sentier sur lequel les enfants doivent marcher sur la pointe des pieds en battant des bras, avec des pieds lourds comme ceux d'un éléphant ou encore, en sautant comme des grenouilles. Évidemment, ces animaux ne parlent pas afin de ne pas déranger les autres groupes. Dans son local, les enfants peuvent se déplacer au son d'une musique. L'imagination est la seule limite dans ces cas.

10.1.1 Pour un environnement de qualité : quelques questions à se poser en équipe

- ☐ L'aire extérieure est-elle facilement accessible pour les enfants?
- ☐ L'aire de jeu est-elle suffisamment grande?
- ☐ L'aire de jeu est-elle faite de plusieurs surfaces distinctes : gazon, bois, surface recouverte de caoutchouc?
- ☐ Y a-t-il suffisamment de matériel et est-il accessible[10]?
- ☐ Les enfants peuvent-ils courir librement et en toute sécurité?
- ☐ Les enfants présentant des besoins particuliers ont-ils accès au matériel?
- ☐ L'aire extérieure offre-t-elle un abri pour l'ombre ou le soleil?
- ☐ Le matériel stimule-t-il une grande variété d'habiletés physiques?
- ☐ La surveillance des enfants est-elle facilitée par l'aménagement?
- ☐ Dispose-t-on d'un endroit où l'enfant pourrait se retirer s'il désire se reposer?

---

[10] Accessible signifie que les enfants peuvent atteindre sans l'aide d'un adulte

10.1.2 Pour une interaction éducative bienveillante : quelques questions à se poser pour l'éducatrice

- ☐ La température permet-elle d'aller dehors avec les enfants aujourd'hui?

- ☐ Les enfants sont-ils habillés de manière appropriée pour la température?

- ☐ Est-ce que mes activités planifiées permettent aux enfants de participer activement sans qu'ils soient obligés de le faire? Ai-je prévu d'autres matériels s'ils n'ont pas envie de participer à l'activité planifiée?

- ☐ Est-ce que je sais où se trouve chaque enfant de mon groupe dans la cour?

- ☐ Certains enfants ont-ils besoin de mon aide pour réaliser un apprentissage moteur?

- ☐ Ai-je l'habitude de chanter ou de discuter avec les enfants lorsqu'ils s'amusent à l'extérieur?

- ☐ Y a-t-il du matériel que je pourrais ajouter pour stimuler l'intérêt des enfants pour une activité particulière?

10.2 Démarche de réflexion et de planification : Exemple pratique

10.2.1 Mise en situation : Jeu extérieur

Valérie a planifié d'aller jouer à l'extérieur avec les enfants de son groupe (4 ans). Elle souhaite leur faire dépenser de l'énergie afin qu'ils soient plus calmes lorsqu'ils reviendront à l'intérieur.

Depuis le matin, plusieurs enfants sont bruyants. Alors que d'autres enfants sont plus calmes et démontrent de l'intérêt pour des activités paisibles et individuelles. Elle veut tout de même animer son activité de course de voiturettes à l'extérieur et observer les interactions entre les enfants.

Le jeu extérieur

J'observe la situation

a) Je décris la situation

Sujet	Contenu
Date	17 juin 2017
Situation observée	Valérie a donné les consignes relatives à l'activité planifiée et a demandé à tous les enfants de la retrouver près du module à l'extérieur. Xavier s'amuse à l'écart et refuse de la rejoindre pour participer à l'activité de voiturettes proposée. Ce n'est pas dans les habitudes de l'enfant. Xavier aime jouer à l'extérieur et il trouve souvent beaucoup de plaisir avec ce genre de jeu. Xavier s'amuse à regarder les fourmis qui se déplacent sur le gazon. D'autres enfants se joignent à lui et tardent à rejoindre Valérie.
Moment d'apparition et fréquence	Lors de l'activité extérieure de voiturettes
Interventions réalisées	• Valérie a demandé à Xavier de se joindre au groupe. • Valérie a répété la consigne à Xavier 3 fois avant de le laisser observer les fourmis.
Personnes impliquées	Éducatrice et Xavier
Toutes autres informations	Elle a observé que depuis un certain temps, Xavier démontre beaucoup d'intérêt pour la nature et les insectes

b) J'identifie le besoin prioritaire

Questionnement	*Valérie se demande si elle doit obliger Xavier et les autres enfants à faire l'activité qu'elle a planifiée.*
Besoin identifié	*Xavier a besoin d'exprimer son choix d'activité et de se sentir respecté (besoin d'estime).*

c) Je vais chercher les informations nécessaires

Sujet	Contenu
Informations	• *Valérie relit des documents sur l'activité extérieure qu'elle a reçus lors d'une formation où il est indiqué que l'enfant peut choisir son jeu;* • *Valérie discute avec une collègue qui lui rappelle que les enfants sont à l'âge de développer leur autonomie et qu'il est important d'établir des règles claires tout en leur laissant des choix. C'est une période délicate quand on anime tout un groupe;* • *Valérie se rappelle sa formation au CÉGEP où elle a appris l'importance de planifier ses activités à partir des intérêts des enfants.*
Hypothèses	• *L'activité des voiturettes ne correspondait pas aux intérêts immédiats de Xavier. Si Valérie planifie une activité répondant de Xavier, il participera plus aisément et Valérie pourra faire bouger et dépenser leur énergie à tous les enfants.*

Le jeu extérieur

Je planifie mes interventions

Sujet	Contenu
Pour qui	Xavier et les autres enfants
Objectifs	Planifier une activité d'observation des fourmis
Responsables	Valérie
Ressources	Cour extérieure
Matériels nécessaires	• Bottes de marche • Filet • Loupe • Tout le matériel pertinent
Quand	Pendant la période extérieure du matin
Où	Dans le petit bois situé à proximité du service éducatif
Procédures	• Valérie prend un temps à la collation pour expliquer aux enfants l'activité de chasse aux insectes qui suivra, elle donne ses consignes et les règles du jeu. • Valérie a disposé le matériel de chasse aux insectes dans le petit bois avant que les enfants sortent à l'extérieur. • Lorsque les enfants sont à l'extérieur, elle leur donne le feu vert pour explorer et trouver matériel et insectes. • Valérie circulera afin d'avoir un œil sur chaque enfant et partager avec eux leurs découvertes. Elle leur proposera de se déplacer entre les arbres en sautant à cloche-pied, de côté ou comme des grenouilles.
Durée	Pour les 3 prochains jours

Je mets en pratique les interventions

Observations lors de l'intervention	
Jour 1	Les enfants semblent enchantés d'explorer le petit bois. Ils se déplacent en courant et cherchent le matériel dissimulé par Valérie pour observer les fourmis et autres insectes. Maxime et Sophie préfèrent la balançoire.
Jour 2	Les enfants se dirigent directement vers les loupes et les filets. La chasse aux insectes débute. Valérie s'approche de Xavier et elle apprend que son grand-père l'amène souvent à la chasse aux insectes. Il ne le voit plus aussi souvent qu'avant. Maxime, Sophie et 2 autres enfants du groupe s'amusent dans le module de jeux.
Jour 3	Aujourd'hui il fait beau et Valérie a apporté des livres sur les insectes à l'extérieur pour poursuivre la chasse aux insectes. Xavier est captivé par le jeu et il souhaite rapporter des petits cailloux à l'intérieur pour les peindre. Sophie est intéressée par le livre sur les insectes et se rapproche du groupe, elle découvre une petite roche avec une ligne blanche et demande à l'apporter dans le local. Deux autres enfants se joignent à Sophie pour aligner des petits cailloux le long de la clôture. Valérie en profite pour leur parler des couleurs et des grosseurs différentes des cailloux. Elle invite les enfants à la suivre comme s'ils étaient les fourmis d'une fourmilière. Tout le groupe rit en s'exécutant.

Je fais un retour sur la situation

Retour sur la situation
Les besoins identifiés ont été répondus :
Les besoins d'estime de Xavier sont répondus.
Les hypothèses se sont validées :
<ul><li>Valérie constate que les activités proposées ont répondu aux intérêts de Xavier et qu'il a fait une proposition d'activité complémentaire (peindre des cailloux);</li><li>Elle constate aussi qu'elles ont été enrichissantes pour pratiquement tous les enfants;</li><li>Valérie réalise que les enfants ont bougé et dépenser de l'énergie comme elle le souhaitait.</li></ul>

Le jeu extérieur

> **Actions à poser**
>
> - Continue à observer les intérêts des enfants et ajouter du matériel en conséquence;
> - Planifier et organiser d'autres activités à l'extérieur à partir des intérêts des enfants.

10.2.2 Des mesures d'hygiène pour éviter la propagation des microbes

Il importe de rappeler que l'éducatrice et les enfants doivent se laver les mains lorsqu'un enfant se mouche ou que l'éducatrice aide un enfant à se moucher (à l'extérieur, une lingette peut être utilisée) et à chaque fois qu'ils rentrent de dehors.

10.2.3 Les mesures de sécurité importantes

Année après année, des accidents malheureux sont relatés dans les cours extérieures des services éducatifs à la petite enfance.

Certaines mesures préventives quotidiennes sont essentielles afin d'éviter ce risque d'accident :

☐ Inspecter les modules afin de s'assurer qu'ils soient sécuritaires ou encore l'hiver, que la neige ne s'est pas accumulée de telle sorte que l'espace entre la plateforme et la rampe soit réduit;

☐ Inspecter les bacs à sable s'ils ne sont pas fermés afin d'y retirer les objets avec lesquels les enfants pourraient se blesser ou qui sont souillés;

☐ Inspecter la cour afin de s'assurer que des plaques de glace ne se sont pas formées pendant la nuit. Les enfants pourraient y tomber et se frapper la tête;

☐ Inspecter les rampes d'accès pour les enfants se déplaçant en fauteuil roulant ou encore pour les poussettes.

10.3 Pour les enfants présentant des besoins particuliers

Les enfants présentant des besoins particuliers participent aux mêmes activités extérieures que les autres enfants du groupe. Des mesures doivent être mises en place afin de faciliter l'accès à la cour extérieure pour un enfant à mobilité réduite.

De plus, certains enfants présentant des besoins particuliers peuvent bénéficier des jeux extérieurs afin de décharger une énergie débordante accumulée. Cette décharge peut être bénéfique.

Toutefois, il est faux de penser qu'un enfant présentant des signes d'impulsivité, qui a tendance à être agité ou qui est turbulent pourra arriver *à vider* toute cette énergie jugée négative. Il peut arriver que, si l'activité extérieure ne se vit pas sous la supervision avisée d'une éducatrice bienveillante, ce soit le contraire qui se produise.

Les activités vécues à l'extérieur sont des moments privilégiés de plaisir à partager avec un enfant présentant des besoins particuliers. Elles sont des moments uniques afin que certains d'entre eux y fassent l'apprentissage de l'autorégulation, du plaisir ressenti dans leur corps d'être « *capable de* » maîtriser cette énergie vers un but partagé avec un adulte ou un autre enfant. Cela va bien au-delà du simple apprentissage des règles d'un jeu.

L'éducatrice bienveillante mettra en place un environnement extérieur où l'enfant présentant des besoins particuliers pourra exercer un contrôle sur cet environnement et sur lui-même en contact avec cet environnement, et ce, selon son niveau de développement et selon les besoins particuliers qu'il présente.

Par exemple, elle agira en amont de l'apparition attendue des difficultés relationnelles que pourront y vivre certains enfants et évitera d'intervenir uniquement par l'usage de mesures disciplinaires. Elle proposera, par exemple, un environnement adapté à un enfant à mobilité réduite afin qu'il y développe l'autonomie qui lui permettra de se sentir autonome.

10.4 Exemple d'une situation éducative de qualité lors d'une période de jeu extérieur

Stéphanie a planifié une activité à l'extérieur avec les enfants (groupe des 3 ans). Elle a observé en début de semaine que les enfants de son groupe avaient un intérêt marqué pour les insectes. Tous les jours, ceux-ci se rivent le bout du nez à la fenêtre du local afin de regarder les oiseaux qui sont dans la mangeoire. L'autre jour, Mélodie, une petite fille du groupe, a remarqué que l'un de ces oiseaux avait un ver de terre dans le bec. Ce matin, c'est le jour de la sortie au parc. Heureusement, il fait soleil au moment de sortir car il pleuvait un peu plus tôt. Stéphanie ne souhaitant pas annuler la sortie pour un peu de pluie a prévu que les enfants aient toujours des bottes de pluie.

Avant de sortir du local, Stéphanie questionne les enfants sur la température qu'il fait à l'extérieur. Elle leur explique les règles de sécurité et les consignes de l'activité. Elle a préparé du matériel d'exploration tel que des chapeaux et des loupes afin de mieux observer. Les enfants sont heureux et ont hâte de sortir. Stéphanie sait déjà qu'elle devra mettre de la crème solaire à chacun des enfants, donc le temps de préparation à la sortie peut être long pour certains enfants. Batiste s'impatiente en attendant son tour et il dit avoir hâte d'aller jouer dehors. Stéphanie a prévu cette situation connaissant bien Batiste et elle lui demande de débuter à mettre de la crème solaire sur son visage par lui-même. Elle l'observe à distance et le félicite de ses efforts. Tout le monde est enfin prêt.

Stéphanie a apporté des livres qui permettront de bien identifier ce qu'ils découvriront dans la nature. À l'extérieur, dans la grande cour, beaucoup de matériel est mis à la disposition des enfants. Elle a caché des insectes de plastique sous les roches. Les enfants ont même des cahiers pour illustrer leurs observations.

Certains enfants vont tout de suite se chercher des pelles qu'ils utilisent en guise de bâton pour se supporter en marchant dans le bois. Un des petits avait déjà expliqué que son grand-père marchait toujours avec un bout de bois à la main lorsqu'il était avec lui. Stéphanie le regarde faire. Pendant ce temps, Delphine était déjà à explorer sous les roches, elle a trouvé de vraies fourmis qu'elles regardent marcher l'une derrière l'autre. Stéphanie l'observe de loin. Au retour, lors du dîner, la conversation est animée entre les enfants.

11 | Les repas et collation

Les moments de repas et de collation au service éducatif présentent plusieurs caractéristiques qui vont au-delà de la simple question de la nourriture qui y est servie. Le respect des normes de santé et nutritionnelles en vigueur est la responsabilité de toute l'équipe du service éducatif.

Toutefois, l'éducatrice ne peut négliger l'importance des apports nutritionnels nécessaires au développement du cerveau et au développement physique de l'enfant lorsque celui-ci fréquente son groupe. Une saine alimentation à la petite enfance aura un impact sur la santé tout au long de la vie de l'enfant. De plus, les expériences alimentaires des tout-petits influenceront leurs comportements alimentaires futurs[1].

11.1 Un environnement de qualité – les repas et la collation

Pendant le repas et la collation, l'aménagement de l'environnement revêt un caractère très important. Un environnement de qualité (voir Harms et ses collègues) facilitera le travail de l'éducatrice et permettra que ces moments se déroulent dans une ambiance chaleureuse propice aux échanges et aux apprentissages. Pour ce faire, les enfants et l'éducatrice sont assis sur des chaises confortables, ajustées à leur grandeur de sorte que leurs pieds touchent au sol. L'éducatrice est assise avec les enfants afin de participer aux conversations et aux échanges pendant ces moments uniques que sont le repas et les collations. Sa présence assise lui permet d'observer les interactions entre les enfants, d'encourager un enfant à expérimenter un aliment nouveau, d'animer les échanges avec les enfants, d'encourager un enfant à poursuivre une idée qu'il vient de transmettre, etc. Elle peut ainsi réagir rapidement si un problème survient.

L'éducatrice peut alors offrir un soutien approprié selon l'âge des enfants qui fréquentent son groupe. Ainsi, les enfants plus vieux peuvent être encouragés à se servir par eux-mêmes ce qui favorise

---

[1] Cryer, D., Harms, T. & Riley, C. (2004). *All About the ITERS-R. A detailed guide in words and pictures to be used with the ITERS-R.* Kaplan Early Learning Co. 465 pages

Harms, T., Riley, C. & Cryer, D. (2012). *All About the ECERS-R. A detailed guide in words & pictures to be used with the ECERS-R.* Kaplan Early Learning Co. 444 pages.

leur autonomie et leur sentiment de compétence. Alors qu'un nourrisson pourrait être nourri dans les bras de l'éducatrice afin d'établir une relation de proximité et de réconfort.

De plus, il est encouragé que les enfants mangent à leur rythme. Un enfant pourrait terminer son repas alors que les autres enfants passent à une autre activité.

Dans un environnement de qualité, l'horaire prévoit un laps de temps minimum d'une heure 30 minutes entre la collation et le repas.

De plus, il est important que le service éducatif s'assure que les repas sont servis chauds.

11.1.1 Pour un environnement de qualité : quelques questions à se poser en équipe

☐ Le mobilier (tables, chaises, hauteur du comptoir) favorise-t-il le bien-être des enfants et de l'éducatrice?

☐ De façon générale, est-ce que les moments de dîner sont des périodes calmes et plaisantes?

☐ Les mamans peuvent-elles venir nourrir leur bébé?

☐ Les parents peuvent-ils dîner avec leurs enfants?

☐ Participons-nous à des formations concernant la bonne alimentation?

☐ Est-ce que les enfants et l'éducatrice peuvent manger à leur rythme?

11.1.2 Pour une interaction éducative bienveillante : quelques questions à se poser pour l'éducatrice

☐ Tous les enfants se lavent-ils les mains avant le repas?

☐ Est-ce que je me sens calme et détendue pendant le dîner ou la collation?

☐ L'ambiance contribue-t-elle à en faire un temps d'apprentissage?

☐ Est-ce un moment qui est propice à la discussion et au rire?

11.2 Démarche de réflexion et de planification : Exemple pratique

11.2.1 Mise en situation : Repas

C'est l'heure du dîner dans le groupe de Sandrine (groupe des 4 ans). Avant de manger, les enfants attendent que tous se soient lavé les mains. Sandrine donne la consigne que tous les enfants doivent être calmes avant d'être servis. Pierre bouge sans arrêt en agitant ses pieds sous la table et frappant ainsi ses voisins de table. Mali, qui présente une trisomie 21, mange dans une chaise haute. Sandrine a trouvé ce moyen car Mali ne comprend pas toutes les consignes et se lève constamment pour aller jouer. Ces déplacements compliquent l'animation de la période du repas.

Depuis un certain temps, Sandrine appréhende cette période. Elle a développé des maux de ventre et ne fait qu'espérer qu'elle se termine bien. Malgré tout, Sandrine réussit à vivre quelques repas agréables avec les enfants.

J'observe la situation

a) Je décris la situation

Sujet	Contenu
Date	13 juin 2017
Situation observée	• Sandrine trouve que les moments de repas et collations sont parfois difficiles à gérer. Elle aimerait pouvoir assurer davantage la sécurité des enfants à l'heure des repas. • Elle remarque qu'elle doit constamment s'éloigner de la table pour aller chercher les aliments ou pour nettoyer. • Sandrine remarque plusieurs choses qui n'aident pas au bon fonctionnement du dîner. Elle ne sait pas ce qu'il faut faire pour changer ce moment. Cette période est de plus en plus stressante pour elle et les enfants.

Les repas et collation

Sujet	Contenu
Moment d'apparition et fréquence	Sandrine ne peut situer quand la situation a débuté
Interventions réalisées	Observations participantes
Personnes impliquées	Tous les enfants et Sandrine
Toutes autres informations	Aucune

b) J'identifie le besoin prioritaire

Questionnement	Est-ce que je pourrais organiser le temps du dîner de telle sorte que je n'aie pas à me lever?
Besoin prioritaire	Assurer la sécurité des enfants à la table.

c) Je vais chercher les informations nécessaires

Sujet	Contenu
Informations	Sandrine se réfère aux échelles de développement et à ses notions sur la sécurité des enfants. Elle lit dans ses notes que pour assurer la sécurité des enfants, ils doivent toujours être en présence d'un adulte lorsqu'ils mangent ou ce dernier doit être à un mètre d'eux.
Hypothèses	Sandrine croit qu'en modifiant l'environnement, certaines problématiques s'atténueront d'elles-mêmes.

Je planifie mes interventions

Sujet	Contenu
Pour qui	Pour elle et les enfants du groupe
Objectifs	• Assurer une présence continue lors des repas. • Réduire les déplacements
Responsables	Sandrine et les autres membres de l'équipe
Ressources	Personnel-cadre et ressources matérielles
Matériel nécessaire	Chariot pour les aliments et aide de la cuisinière
Quand	Lors des repas
Où	À la table
Procédures	• Sandrine a discuté avec la direction de son service éducatif afin de pouvoir se procurer un chariot. • Sandrine aménage le local afin de pouvoir utiliser le nouveau chariot à aliments. • Elle croit qu'elle doit faire davantage confiance aux enfants qui sont maintenant âgés de quatre ans en déposant certains plats sur la table afin qu'ils se servent eux-mêmes. • Elle assoit la petite Mali près d'elle.
Durée	Une semaine

Les repas et collation

Je mets en pratique les interventions

	Observations lors de l'intervention
Jour 1	• Sandrine explique aux enfants les changements ; • Les enfants sont excités par les modifications : Pierre bouge plus qu'à l'habitude et ses voisins de table repoussent ses pieds avec vigueur ; • Sandrine a trouvé plus facile de pouvoir faire le service en ayant le chariot près de la table.
Jour 2	• Les enfants sont plus calmes quoique Pierre continue d'agiter ses pieds sous la table : • Sandrine commence à retrouver agréable la période des repas.
Jour 3	• Sandrine change la chaise de Pierre pour une chaise où il pourra déposer ses pieds au sol ; • Sandrine a réussi à rester assise à la table pour toute la période du dîner. • Quand Pierre agite ses pieds, Sandrine lui demande de mettre ses pieds au sol et de pousser fort sur le plancher. Pierre est moins agité. • Les enfants se lèvent, se lavent les mains et vont jouer tout de suite après avoir terminé leur repas. L'atmosphère est de plus en plus agréable.
Jour 4	Sandrine a dû se lever pour surveiller un enfant qui avait besoin d'aller à la toilette pendant l'heure du dîner. À ce moment, elle réalise que son aménagement ne lui permet pas de bien voir tous les enfants.

	Observations lors de l'intervention
Jour 5	*Elle a modifié l'aménagement de façon à voir les enfants même si elle est dans les toilettes. Le dîner a été très agréable.* *Sandrine réalise que toute son attention a été centrée sur l'aménagement, l'animation du dîner et les comportements de Pierre. Elle n'a pas eu le temps de donner une attention particulière à Mali.*

Je fais un retour sur la situation

Retour sur la situation

Les besoins identifiés ont été répondus :

Les besoins de sécurité des enfants ont été répondus par une présence constante lors du repas.

Les hypothèses se sont validées :

Le nouvel aménagement de l'environnement a permis à Sandrine que certaines problématiques trouvent une réponse : chaise pour Pierre et place pour Mali.

Actions à poser

- Poursuivre les observations du comportement de Mali et de Pierre.
- Modifier l'environnement au besoin.
- Discuter avec ses collègues pour trouver des solutions.

11.2.2 Des mesures d'hygiène pour éviter la propagation des microbes

Certaines mesures d'hygiène sont particulières aux moments de repas et de collation. Ainsi, il est recommandé que les membres du personnel et les enfants se lavent les mains avant de prendre le repas et la collation. Des plus, les aires de repas devraient être lavées et désinfectées avant et après chaque repas afin que tous les germes soient éliminés. Il est essentiel de bien lire les consignes d'utilisation des produits utilisés pour la désinfection. Certains produits nécessitent une attente de quelques minutes entre l'application du produit et le frottage.

11.2.3 Les mesures de sécurité importantes

Certains types d'accidents sont probables lors des moments de repas et de collation tels les risques d'étouffement. Afin de prévenir les incidents, l'éducatrice qui est assise à la même table que les enfants peut exercer une surveillance étroite de ceux-ci.

L'éducatrice ne devrait pas quitter son local et laisser les enfants sans surveillance pour aller chercher le chariot-repas à la cuisine, et ce, même si son absence n'est que de quelques minutes. Si l'organisation du service éducatif ne permet pas que les chariots soient laissés à l'entrée du local de l'éducatrice, elle doit prévoir avec une collègue que celle-ci jette un coup d'œil à son local pendant sa courte absence. Il en est de même si elle doit rapporter le chariot à la cuisine après le repas.

11.3 Pour les enfants présentant des besoins particuliers

Les enfants présentant des besoins particuliers sont assis à la même table que les autres enfants du groupe lors des repas et des collations. Ils sont assis sur une chaise confortable et à la bonne hauteur s'assurant que leurs pieds touchent le sol. Si l'enfant a besoin d'une chaise haute ou d'un fauteuil roulant, celui-ci est placé à la même table que les autres enfants. Si par exemple, l'enfant est hyperactif et a du mal à demeurer assis, le fait d'avoir les pieds qui touchent le sol aidera l'éducatrice dans ses interventions. Ainsi, plutôt que d'intervenir sur l'agitation de l'enfant, elle pourra lui demander de s'assoir sur sa chaise et d'appuyer très fort sur ses pieds afin qu'ils touchent le sol. Elle permettra ainsi à l'enfant d'intégrer des compétences d'autocontrôle car il découvrira des façons adaptées d'agir sur son agitation.

L'éducatrice s'assure également de bien préparer son plan de table si elle a dans son groupe un enfant présentant des besoins particuliers. Elle placera un enfant faisant preuve de plus d'immaturité affective proche d'elle afin de pouvoir lui donner une aide opportune.

Certains enfants présentent des besoins particuliers parce qu'ils souffrent d'allergies alimentaires. Ces allergies doivent être indiquées et signalées bien en vue dans le local, et ce, afin qu'une personne remplaçante en soit informée dès son entrée dans le local. Il est suggéré de placer la photo de l'enfant souffrant d'allergie bien en vue sur une affichette et d'y identifier l'allergie et ce qui doit être fait et ce, en distinguant bien celle-ci d'une intolérance alimentaire (Harms et ses collègues).

11.4 Exemple d'une situation éducative de qualité à l'heure du repas

Lorsqu'il est temps de dîner, Marie s'assure d'effectuer les mêmes routines à chaque jour. Tous les enfants ont lavé leurs mains et elle a pris soin de désinfecter la table avant que les enfants viennent prendre place. Il est midi, les enfants sont maintenant assis à la table et prêts à manger. Marie avait demandé à sa directrice de lui fournir un chariot afin de garder les aliments près d'elle. Celui-ci lui permet de rester assise et à proximité des enfants. Malgré une collation consistante, les enfants ont faim et sont impatients de manger. La cuisinière s'assure de servir tous les groupes d'aliments tout en réduisant au maximum les aliments salés et sucrés. Au mur, on peut voir que la cuisinière a accroché le menu de la semaine, ce qui permet aux parents de savoir ce que mange leur enfant. C'est une belle occasion pour Marie d'échanger avec les parents lors de l'arrivée des enfants le matin. Elle peut ainsi discuter des allergies de Jérôme (30 mois) et de ses habitudes alimentaires qui demandent de l'attention.

Pendant le dîner, Thomas, qui aime bien discuter, se met à raconter que son père a fait cuire un gros poisson qu'il a pêché. Marie en profite alors pour parler avec les enfants de la pêche, de ce qu'ils aiment manger ou encore, des activités réalisées en famille. Marie apprend ce que les enfants vivent dans leur famille et aiment faire comme activités. Elle les questionne sur la couleur des aliments, etc. Elle se montre patiente avec la petite Éva qui fait régulièrement des dégâts. Marie sait très bien que ce n'est pas intentionnel de sa part. Xavier,

Les repas et collation

quant à lui, lance de la nourriture par terre. Ce n'est pas un caprice et Marie le sait. Elle s'assure que les enfants mangent à leur faim, tout en ne les obligeant pas à terminer leur assiette.

Quand les enfants auront terminé leur repas, ils pourront à tour de rôle retourner se laver les mains et aller jouer dans les coins calmes. Marie évite ainsi que les enfants ne se disputent à la table et deviennent impatients en attendant d'aller jouer. Probablement après les vacances de Noël, elle pourra déposer les aliments au centre de la table afin que les enfants puissent se servir seuls.

12 | La sieste et la période de repos des enfants

La sieste et la période de repos des enfants sont des moments incontournables dans les services éducatifs à la petite enfance. La planification de ces moments doit se faire en tentant de respecter le rythme biologique des enfants. Ainsi, selon l'âge de l'enfant, la sieste répond à des besoins différents et l'éducatrice se doit de tenir compte de ces besoins dans sa planification. Plus jeunes, les enfants devront y trouver un sommeil réparateur qui les aidera à régénérer leur énergie et faciliter le développement physiologique du cerveau alors que plus vieux, ils n'auront besoin que d'un temps de repos, avec ou sans sommeil, afin de récupérer. Ce qui rend la tâche de l'éducatrice complexe est le fait que malgré ces normes établies en fonction de l'âge des enfants, elle sait que chaque enfant a son propre rythme pour trouver le sommeil ou pour se reposer. Ainsi, il peut y avoir une différence de 2 heures entre les besoins de sommeil de chaque enfant[1]. L'éducatrice sait également que les besoins de sommeil liés à la sieste peuvent varier d'une journée à l'autre pour un même enfant.

12.1 Un environnement de qualité – la sieste et le repos

L'importance de l'aménagement d'un environnement de qualité lors de la sieste débute par le choix que la plage horaire de ce moment occupera dans la journée de l'enfant (voir Harms et ses collègues). L'éducatrice bienveillante choisira un moment qui permettra aux enfants de bénéficier de la période de repos offerte par le moment de sieste. Ainsi, elle choisira un moment en début d'après-midi sans que celui-ci soit tout de suite après le repas du midi. Entre-temps, elle permettra aux enfants de dépenser leur énergie lors d'une période de jeu libre après le repas du midi. Au cours de cette période de jeu libre, l'éducatrice invitera les enfants à venir se brosser les dents à tour de rôle, elle désinfectera la table et passera le balai dans son local.

Débute ensuite la routine précédant la sieste avec une musique douce ou une chanson interprétée par l'éducatrice qui indique aux enfants que c'est le moment de se rendre à leur matelas. **L'éducatrice profite du moment de la sieste pour encourager les enfants à apprendre à trouver le calme en soi et par soi-même. C'est un des plus grands apprentissages que l'enfant peut réaliser à ce moment. C'est également un apprentissage du domaine de l'autocontrôle nécessaire tout au long de sa vie.**

---

[1] Guay, L. & Smith, N. (2009). La santé des enfants en services de garde éducatifs (2e éd.). Les publications du Québec : Québec.

La sieste et la période de repos des enfants

Pour ce faire, l'éducatrice bienveillante adopte un ton de voix réconfortant, chaleureux et calme. Elle anime le début de la sieste en proposant certains exercices qui permettront une relaxation physique des muscles et qui utilisent l'énergie accumulée par les enfants de manière positive. Lors de cette animation, elle aide l'enfant à se centrer sur sa respiration en lui demandant de mettre la main sur son ventre ou encore, lui suggère des exercices de gymnastique douce à réaliser en silence sur son matelas de sol (s'étirer, se recroqueviller en boule, toucher la pointe de ses pieds avec les mains, etc.)[2]. Elle peut aussi tout simplement permettre à un enfant de prendre un livre tout en étant étendu sur son matelas.

Elle peut aussi profiter de cette période pour faire une activité calme ou discuter à voix basse dans une aire de jeu aménagée à cet effet avec un enfant qui s'est réveillé plus tôt[3]. Elle peut prendre le temps de bercer un enfant plus jeune ou chanter une berceuse.

Un environnement de qualité doit prévoir des dispositions pour permettre aux enfants de se reposer tout au long de la journée, et ce, peu importe leur âge. Une aire aménagée de manière confortable, comme une aire dédiée à la lecture, peut servir à cet effet. Une aire facilitant l'intimité comme une grande maison où les enfants peuvent jouer seuls afin de s'isoler du bruit est également appropriée.

12.1.1 Pour un environnement de qualité : quelques questions à se poser en équipe

- ☐ Assurons-nous un environnement sécuritaire en obligeant la présence constante de l'éducatrice dans le local où les enfants font la sieste?

- ☐ Donnons-nous aux parents de l'information sur les bienfaits de la sieste et du sommeil sur le cerveau des enfants?

- ☐ Discutons-nous avec les parents et les intervenants de l'extérieur afin qu'ils prévoient de venir chercher l'enfant en dehors de la période de sa sieste?

---

[2] Cabrol, C. & Raymond, P. (1987). *La douce. Méthode de gymnastique douce et yoga pour enfants*. Boucherville : Les publications Graficor. Canada.

[3] Cryer, D., Harms, T. & Riley, C. (2004). *All About the ITERS-R. A detailed guide in words and pictures to be used with the ITERS-R*. Kaplan Early Learning Co. 465 pages

Harms, T., Riley, C. & Cryer, D. (2012). *All About the ECERS-R. A detailed guide in words & pictures to be used with the ECERS-R*. Kaplan Early Learning Co. 444 pages.

12.1.2 Pour une interaction éducative bienveillante : quelques questions à se poser pour l'éducatrice

- ☐ Mon local est-il aménagé de manière sécuritaire pendant la sieste? En cas d'incendie ou d'urgence, est-ce que je sais où se trouve chaque enfant et suis-je suffisamment proche pour intervenir rapidement?

- ☐ Ai-je développé un répertoire de chansons ou de musiques douces pour aider les enfants à s'endormir?

- ☐ Mon ton de voix est-il calme et serein lors de la période de la sieste?

- ☐ Ai-je établi des routines avant et après la sieste?

- ☐ Suis-je à l'aise pour animer des activités de détente avec les enfants afin qu'ils trouvent le calme par eux-mêmes?

- ☐ Est-ce que je discute avec les parents de la routine établie à la maison et au service éducatif afin de favoriser le sommeil de leur enfant?

12.2 Démarche de réflexion et de planification : Exemple pratique

12.2.1 Mise en situation : Sieste

C'est bientôt l'heure de la sieste et de la période de repos dans le groupe des Petits câlins (24 mois) du service éducatif l'Arc-en-ciel. Sylvie, l'éducatrice, prépare les enfants à la routine précédant la sieste. Les enfants se lavent les mains et se brossent les dents comme à tous les jours après le repas. Ils mettent ensuite leur pyjama, car les parents trouvent que c'est important pour mieux dormir même au service éducatif. Les enfants savent qu'ils doivent prendre un livre et s'étendre sur le matelas sans parler.

Comme toujours, certains enfants sont plus énergiques que d'autres et demandent davantage de soutien afin de trouver le sommeil. Depuis une semaine, Sylvie observe certains changements chez Chloé qui est âgée de 2 ans et demi et qui dort moins bien qu'à son habitude.

J'observe la situation

a) Je décris la situation

Sujet	Contenu
Date	*14 septembre 2016*
Situation observée	*Sylvie observe que Chloé s'agite sur son matelas. Depuis une semaine, Chloé a de la difficulté à s'endormir.* *Sylvie discute de ces nouveaux comportements avec les parents, qui soulignent que celle-ci ne dort pas très bien depuis un bout de temps. Mais, ils ne savent pas réellement pourquoi. Les parents ne semblent pas s'inquiéter.*
Moment d'apparition et fréquence	*Apparition soudaine, et ce, depuis une semaine*
Interventions réalisées	• *Tente de rassurer l'enfant.* • *Essaie de l'endormir en lui massant le dos.* • *Lui donne ses objets sécurisants (doudou, toutou).*
Personnes impliquées	*Sylvie et les parents*
Toutes autres informations	*Aucune*

b) J'identifie le besoin prioritaire

Questionnement	Quelles sont les causes des comportements récents de Chloé?
Besoin identifié	Chloé ne récupère pas suffisamment pendant la sieste et est plus impatiente le reste de l'après-midi (besoin physiologique).

c) Je vais chercher les informations nécessaires

Sujet	Contenu
Informations	Sylvie décide de faire des observations ciblées afin de mieux comprendre le nouveau comportement de Chloé. Elle tiendra un journal d'observation afin de noter tous les éléments pertinents. Elle notera les éléments précédant la sieste qui pourraient être un déclencheur qui ferait en sorte que Chloé ne s'endorme pas aussi facilement qu'à l'habitude. Elle souhaite observer pendant cinq jours afin de recueillir des informations plus précises.
Hypothèses	Il se peut que Chloé vive des événements dans le groupe qui rendent son sommeil plus difficile.

La sieste et la période de repos des enfants

Je planifie mes interventions

Sujet	Contenu
Pour qui	Chloé
Objectifs	Recueillir des observations permettant de mieux cerner les déclencheurs des difficultés de sommeil de l'enfant
Responsables	Sylvie, l'éducatrice
Ressources	Les parents
Matériel nécessaire	Aucun
Quand	Dans les moments précédant la sieste
Où	Au service éducatif
Procédures	• Sylvie va observer Chloé plus précisément dans les moments qui précèdent la sieste. • Elle souhaite discuter avec les parents des informations recueillies sur les cycles de sommeil chez l'enfant. De plus, elle veut les rencontrer pour vraiment comprendre ce qui se passe à la maison car Chloé semble inquiète pour son chat mais aussi pour son papa. • Elle planifie de modifier son plan d'aménagement afin d'observer si Chloé n'est pas dérangée par Nathan qui est plus agité depuis un certain temps.
Durée	5 jours

Je mets en pratique les interventions

	Observations lors de l'intervention
Jour 1	• Sylvie observe qu'avant la sieste, la petite a été bousculée par 2 garçons du groupe qui courent dans le local. • Chloé est agitée et a du mal à rester sur son tapis. • Chloé parle de son chat à Sylvie avant de s'endormir.
Jour 2	• Nathan marche sur le tapis de Chloé pour se rendre sur son tapis à lui alors qu'elle est couchée; Chloé chigne un peu et lui crie de faire attention. • Chloé se dirige vers l'éducatrice pour lui parler de son chat et de son papa. • Chloé finit par s'endormir d'un sommeil agité après environ 15 minutes.
Jour 3	• L'éducatrice s'assure que Nathan circule lentement dans le local lorsqu'il se dirige vers son matelas. • Chloé reste assise sur son matelas et refuse de se coucher. • Elle parle de son chat et de son père avec l'éducatrice qui s'est approchée d'elle.
Jour 4	• Sylvie s'approche physiquement de Chloé en début de sieste et chantonne une berceuse. • Chloé se couche et reste agitée. Elle parle de son chat. • Elle finit par s'endormir d'un sommeil agité après 7 à 8 minutes.

La sieste et la période de repos des enfants

	Observations lors de l'intervention
Jour 5	• *Sylvie s'approche physiquement de Chloé et s'assoit près d'elle en chantonnant une chanson douce.* • *Elle fait signe à Chloé de ne pas parler en mettant son index sur sa bouche et continue de chanter tout doucement.* • *Chloé reste silencieuse et bouge beaucoup avant de sombrer dans un sommeil agité.*

Je fais un retour sur la situation

Retour sur la situation

Les besoins identifiés ont été répondus :

Non, car Chloé s'endort lorsqu'elle est épuisée et non parce qu'elle est calme. Elle n'a pas un sommeil réparateur.

Les hypothèses se sont validées :

- Sylvie a observé que 2 événements sont arrivés un peu avant la sieste. Ces événements ont pu rendre Chloé plus nerveuse;
- Chloé semble préoccupée par son chat et par son père ce qui l'empêche d'avoir un sommeil réparateur.

Actions à poser

- Modifier le plan d'aménagement de la sieste en plaçant Chloé en périphérie du local;
- Poursuivre les observations ciblées;
- Prévoir une rencontre avec les parents suffisamment longue pour pouvoir discuter avec eux. La rencontre permettra de vérifier si quelque chose est arrivé au chat de Chloé ou à son père et pour convenir de moyens pour aider Chloé. Ces moyens pourront être consignés, si cela s'avère nécessaire, dans un plan d'interventions.

12.2.2 Des mesures d'hygiène pour éviter la propagation des microbes

Le matériel tels les matelas et les draps dont disposent les enfants pour la sieste doivent être rangés de manière à ne pas se toucher et dans des armoires dédiées à cet usage. Le matelas doit être nettoyé et désinfecté à chaque utilisation. La disposition des matelas revêt une importance capitale afin d'éviter la propagation des microbes entre les enfants. C'est pourquoi il est recommandé[4], que si l'espace permet uniquement une distance de 30 centimètres entre les matelas, que les enfants se couchent têtebêche.

12.2.3 Les mesures de sécurité importantes

Les mesures de sécurité les plus importantes lors de la sieste se résument en deux points incontournables, ceci afin de prévenir les risques liés aux accidents ou faciliter une intervention rapide en cas d'urgence pendant le sommeil des enfants :

- ☐ La présence dans la pièce où se déroule la sieste d'un adulte qui assure une surveillance constante;
- ☐ Un aménagement permettant la circulation fluide des enfants et le dégagement des sorties d'urgence.

12.3 Pour les enfants présentant des besoins particuliers

Les enfants présentant des besoins particuliers comme des difficultés relationnelles avec les autres enfants, des problèmes d'hyperactivité ou encore, des difficultés psychoaffectives peuvent éprouver plus de difficultés à se relaxer ou à trouver le sommeil que les autres enfants du groupe. La routine entourant la sieste est donc très importante à respecter. Maintenir une atmosphère calme et apaisante tout au long de la sieste sera primordial avec ces enfants qui pourraient être portés à bouger plus et nécessiter plus de rappels à l'ordre de la part de l'éducatrice. Ainsi, l'animation de courtes activités permettant la relaxation musculaire et le développement de l'autocontrôle devient plus pertinente pour eux.

De plus, afin de ne pas interrompre le sommeil réparateur des enfants présentant des besoins particuliers, l'éducatrice prendra le temps de discuter avec les spécialistes venus de l'extérieur pour que leurs activités se vivent en dehors du temps prévu pour la sieste.

---

[4] Harms, T., Cryer, D. & Clifford, R.M. (1998 et suivantes)

12.4 Exemple d'une situation éducative de qualité lors de la sieste

Il est 12 h 15 et la période du dîner vient de se terminer. Michèle s'assure que chaque enfant a bien lavé ses mains et brossé ses dents après s'être levé de table. Comme chaque jour, avant la sieste les enfants (du groupe des 4 ans) s'amusent à des jeux libres et Michèle veille à ce que l'atmosphère demeure calme. Pendant ce temps, elle procède à la désinfection de la table. Elle observe que Mathieu est assis et se frotte l'oreille ce qu'elle sait être un signe de fatigue chez lui. Elle lui demande donc de s'approcher le premier pour aller à la toilette. Lorsqu'il a terminé, elle lui dit qu'il peut aller s'installer sur son matelas.

Michèle a choisi des places adaptées aux différents besoins des enfants de son groupe. Par exemple, Mathieu est dans l'un des coins le plus à l'écart du local, car ses besoins de sommeil sont grands comparativement aux autres et qu'il s'endort régulièrement avant la période de la sieste. À l'opposé, le matelas de Laura est placé près du coin de jeu calme, puisqu'elle est souvent la première à se réveiller. Michèle a aussi disposé les matelas en fonction que la tête des enfants soit séparée de 36 pouces. Elle a identifié la place des enfants avec des images qu'ils ont choisies ensemble.

Michèle termine ses tâches de désinfection, met la musique de détente, tamise la lumière et annonce aux enfants qu'elle commence la routine des toilettes. Ils se préparent tranquillement pour la sieste. Une fois que tous ont terminé, Michèle invite les enfants à retirer leurs souliers. Ensemble, ils mettent les matelas à leur place et vont chercher dans leur casier, consacré à cet effet, leurs objets réconfortants personnels. Pour Éva, c'est sa couverture de naissance qu'elle retrouve à chaque moment de sieste. Michèle entame la comptine qui invite les enfants à s'installer sur leur matelas.

Par la suite, elle va voir à tour de rôle les enfants pour les aider à s'installer et trouver une posture confortable. À ce moment, Michèle propose aux enfants des exercices réalisés sur leur matelas leur permettant de trouver le sommeil. Elle leur suggère qu'ils s'étirent en tendant les bras au-dessus de leur tête et en étirant leurs pieds et ensuite, de faire une boule avec leur corps en enlaçant leurs jambes avec leurs bras en serrant très fort. Elle les aide à se concentrer sur leur respiration en appuyant une main sur leur ventre. Ensuite, elle s'assoit près de Mathilde qui a besoin de sa proximité pour s'endormir. Lorsque tous les enfants sont endormis, Michèle arrête la musique.

Trente minutes plus tard, Laura se réveille. Michèle l'invite avec un signe à se lever tout doucement et elles regardent un livre ensemble.

13 | Les pratiques liées à l'hygiène

Plusieurs ouvrages publiés par le Ministère de la Famille du Québec et autres organismes de santé traitent avec beaucoup d'attention des pratiques liées à l'hygiène au sein des services éducatifs à la petite enfance[1]. Nous consacrons ce chapitre à l'aménagement de l'environnement physique et humain de qualité pouvant faciliter le travail de l'éducatrice à la petite enfance dans la mise en place de ces pratiques.

Les pratiques liées à l'hygiène sont représentées dans la figure B1 (page 94) par des points continus de couleur turquoise faisant tout le tour de l'horloge et indiquant que celles-ci sont partie intégrante de la journée d'un enfant au service éducatif. Les pratiques liées à l'hygiène nécessitent donc une attention particulière de la part de l'éducatrice lors de la planification de son horaire quotidien.

Ces pratiques sont souvent réalisées de manière concomitante lors de période de pointe dans la journée au service éducatif. Le défi de l'éducatrice devient alors de planifier le lavage des mains, le changement de couches et/ou le passage à la toilette et le nettoyage-désinfection des surfaces et ce, par exemple avant la période du dîner tout en demeurant attentive aux besoins de chacun des enfants. Ainsi, l'éducatrice devra superviser le lavage des mains des enfants tout en s'assurant de nettoyer et désinfecter les surfaces. La préparation du matériel nécessaire aux changements de couches qui sera accessible facilement (en allongeant le bras par exemple) devient alors un atout. L'aménagement de l'environnement physique de qualité permettant à l'éducatrice de surveiller facilement les enfants qui sont à la toilette facilitera également son travail. En plus, la préparation et la planification permettront aux enfants de vivre ces moments de vie incontournables dans une atmosphère détendue et propice aux apprentissages.

Mieux planifier dans le temps *le lavage des mains, le passage à la toilette ou le changement de couches* et *la désinfection* rendra plus aisée la tâche de l'éducatrice et facilitera l'animation des différentes activités jalonnant la journée.

---

[1] http://sante.gouv.qc.ca/conseils-et-prevention/lavage-des-mains/

http://publications.msss.gouv.qc.ca/msss/fichiers/guide-garderie/chap4-changement-de-couches.pdf

http://www.msss.gouv.qc.ca/sujets/prob_sante/nosocomiales/index.php?Hygiene_et_salubrite

http://www.santecom.qc.ca/Bibliothequevirtuelle/santecom/35567000003977.pdf

13.1 Le lavage des mains

13.1.1 Un environnement de qualité – le lavage des mains

Dans un environnement éducatif de qualité (voir Harms et ses collègues), l'éducatrice prévoit au sein de son horaire quotidien du temps nécessaire au lavage des mains qu'elle pourra ainsi superviser. En effet, que 8 à 10 enfants passent au lavabo pour un lavage efficace des mains ne peut qu'être planifié dans l'horaire afin d'en conserver le caractère ludique, agréable et efficace. Ainsi, l'éducatrice planifie 4 grands moments dans son horaire pour le lavage des mains autant pour elle que pour les enfants :

☐ Avant le repas;

☐ Après le passage à la toilette ou encore, le changement de couche (et ce, malgré l'utilisation de gants différents pour chaque enfant);

☐ En rentrant des jeux extérieurs;

☐ Après la manipulation de jeux salissants.

De plus, l'éducatrice s'assure de se laver les mains après avoir aidé un enfant à se moucher. Si elle est à l'extérieur, elle peut provisoirement utiliser une lingette désinfectante pour ce faire. D'autres moments de la journée sont également propices au lavage des mains, mais ceux nommés ci-haut sont prévisibles donc, plus facilement planifiables.

L'éducatrice peut faire de ce moment de vie incontournable un moment de plaisir partagé avec les enfants. Ceux-ci pourront y développer des habiletés venant renchérir, entre autres, leurs besoins d'appartenance (« *dans mon groupe, tout le monde se lave les mains* ») ou encore, d'estime (« *je deviens capable par moi-même* »). Afin de rendre sa tâche d'animation plus aisée, l'éducatrice bienveillante prendra un temps pour enseigner aux enfants les bienfaits du lavage des mains à l'aide de jeux adaptés à leur âge. De plus, elle enseignera aux enfants la méthode de lavage des mains qu'elle préconise à l'aide de comptine ou de chanson afin de permettre aux enfants de bien anticiper le temps nécessaire à un lavage efficace. Ce faisant, l'éducatrice bienveillante permet aux enfants d'intérioriser des points de repère qu'ils pourront utiliser eux-mêmes par la suite.

Le Ministère de la Famille du Québec recommande un lavage des mains d'au moins 2 minutes à l'eau savonneuse pendant lequel il faut s'assurer de bien frotter toutes les parties de la main et des ongles. Les mains sont séchées à l'aide d'une serviette de papier jetable ou encore, d'un système à air pulsé. Le Ministère propose le temps d'une chanson pour agrémenter et encadrer ce moment de vie (voir la chanson « Bye! Bye! les microbes » sur le site du Ministère de la Famille du Québec).

13.1.2 Pour un environnement de qualité : questions à se poser en équipe

☐ Avons-nous établi des protocoles à suivre pour le lavage des mains du personnel et pour celui des enfants?

☐ Est-il facile pour le personnel et les enfants de se laver les mains à l'intérieur ou à l'extérieur?

13.1.3 Pour une interaction éducative bienveillante : quelques questions à se poser pour l'éducatrice

☐ Est-ce que je pense qu'il est important que les enfants développent l'habitude de se laver les mains régulièrement?

☐ Ai-je prévu des temps à mon horaire pour le lavage des mains?

☐ Est-ce que les moments consacrés au lavage des mains sont des moments agréables pour moi et pour les enfants?

☐ Suis-je en mesure de superviser le lavage des mains des enfants?

13.2 Le changement de couches et le passage à la toilette

13.2.1 Un environnement de qualité – changement de couches et passage à la toilette

L'apprentissage à la propreté est un enjeu majeur pendant la petite enfance. « *Être propre* » devient pour l'enfant une réussite sur plusieurs plans. En plus de développer son autonomie, le jeune enfant qui acquiert une certaine maîtrise sur son corps devient *comme un grand*. L'éducatrice bienveillante sait que cet apprentissage nécessite une attention et un accompagnement personnalisés de sa part.

Plus les enfants de son groupe sont jeunes et plus l'éducatrice doit consacrer du temps dans son horaire au changement de couches. Il est facile d'imaginer quel casse-tête cela doit représenter pour une

Les pratiques liées à l'hygiène

éducatrice qui a 6 ou 8 couches à changer presque en même temps tout en continuant à offrir un environnement éducatif stimulant aux enfants de son groupe. De plus, comme l'apprentissage à la propreté ne se vit pas de la même façon et au même rythme pour tous les enfants, une éducatrice peut avoir dans son groupe des enfants qui portent des couches et d'autres enfants qui sont prêts à aller à la toilette. Cela devient quasi impossible à gérer à moins d'être une pieuvre et d'avoir 8 bras… Nous ne pensons pas dans ce chapitre répondre à l'entièreté de la complexité de ce défi pour l'éducatrice. Toutefois, nous souhaitons proposer des pistes de solutions pouvant être reprises et discutées en équipe afin d'en dégager des solutions adaptées au service éducatif concerné.

Certaines éducatrices bienveillantes réussissent à faire de ce moment de vie un moment de qualité répondant aux besoins des enfants de leur groupe. La planification de l'environnement éducatif revêt un rôle important dans ce cas. Ainsi, il est essentiel de planifier dans l'horaire quotidien un temps qui sera consacré au changement de couches des enfants. Tout le matériel nécessaire au changement de couches doit être accessible sur une table prévue à cet effet à la hauteur de l'éducatrice. Idéalement, la table utilisée doit être orientée afin de permettre à l'éducatrice de surveiller les autres enfants du groupe. Si la table est face à un mur, il est facile d'ajouter un grand miroir sur ce mur afin que l'éducatrice qui est attentive à l'enfant à langer garde un œil sur les autres enfants de son groupe. Certains services organisent l'horaire afin qu'une autre éducatrice soit en présence dans le groupe au moment du changement de couches. Ce n'est toutefois pas possible dans tous les milieux.

La préparation du matériel nécessaire au changement de couches en début de journée et l'aménagement de l'environnement physique viennent soutenir l'interaction éducative bienveillante de l'éducatrice. Le moment du changement de couches devient un moment de vie agréable et une occasion unique de partager un temps privilégié avec l'enfant. L'éducatrice bienveillante s'assure que le changement de couches se vive dans une atmosphère détendue afin que l'enfant s'y sente en sécurité.

Pour ce faire, l'éducatrice bienveillante aura prévu de donner accès à un certain matériel favorisant le jeu calme aux autres enfants de son groupe pendant qu'elle change une couche. Elle pourrait également limiter la circulation des enfants à une certaine partie de son local pendant ce moment en posant des barrières amovibles par exemple. De la sorte, elle peut continuer d'interagir avec tout le groupe tout en apportant une attention particulière à l'enfant à langer. Elle peut également animer ce moment en disant, par exemple, à un enfant : *En ce moment, je suis avec Francis pour changer sa couche. Tout à l'heure, je serai avec toi, ce sera ton tour ».*

Elle s'assure d'y être quelques minutes plus tard afin que l'enfant comprenne que son attente dans le calme a été récompensée et lui a permis d'avoir une attention particulière de la part de l'éducatrice. Les autres enfants du groupe sont également attentifs au fait que l'éducatrice respecte son engagement dans ce sens. Ils sauront si c'est le cas ou non et le climat dans le groupe en sera transformé. L'éducatrice bienveillante, de par sa réponse congruente et authentique, permet aux enfants de développer les bases de l'autorégulation.

En plus, de s'assurer de la désinfection des petits pots (s'ils sont utilisés par le service éducatif) entre chacune des utilisations et de la propreté des toilettes, l'éducatrice s'assure d'adapter la supervision de ce moment en fonction de l'âge des enfants.

L'aménagement de l'environnement doit permettre à l'éducatrice de toujours surveiller les enfants, et ce, quel que soit leur âge lorsqu'ils sont à la toilette. Elle peut ainsi adapter son aide en fonction des besoins de l'enfant. Certains milieux sont aménagés de telle sorte que les toilettes sont des lieux partagés par tous les groupes ou encore, sont à l'extérieur des locaux des enfants, comme dans les écoles par exemple.

Ce type d'aménagement n'est vraiment pas idéal et s'apparente davantage à ce qui est vécu dans les établissements scolaires alors que l'apprentissage à la propreté n'est plus un enjeu au plan développemental pour les élèves.

Il faut alors que l'éducatrice déplace tout son groupe pour faire du passage à la toilette un temps précis dans son horaire qu'elle pourra superviser. Il lui faut prévoir que les enfants vivront un temps d'attente qu'il sera nécessaire d'animer afin de conserver l'atmosphère sereine et agréable qui est essentielle aux différentes acquisitions liées à l'apprentissage de la propreté.

13.2.2 Pour un environnement de qualité : quelques questions à se poser en équipe

- ☐ Discutons-nous des défis que représentent pour l'éducatrice le changement de couches ou le passage à la toilette?

- ☐ L'aménagement de l'environnement permet-il de soutenir le travail et l'animation de l'éducatrice au moment des changements de couches?

- ☐ Croyons-nous que la responsabilité de faciliter l'aménagement de l'environnement afin que l'atmosphère soit détendue lors des changements de couches est uniquement celle de l'éducatrice qui a des enfants de cet âge dans son groupe?

- ☐ Sommes-nous à jour dans nos formations concernant les procédures de changement de couches et de désinfection?

13.2.3 Pour une interaction éducative bienveillante : quelques questions à se poser pour l'éducatrice

- ☐ Comment est-ce que je peux aménager l'environnement afin de faciliter ma tâche lors des changements de couches et du passage à la toilette des enfants?

- ☐ La table que j'utilise pour changer les couches des enfants est-elle à ma hauteur?

- ☐ La table que j'utilise pour changer les couches des enfants est-elle placée de manière à ce que je puisse surveiller les autres enfants du groupe?

- ☐ Quel moment de la journée me permettra le mieux de prévoir et d'organiser le matériel nécessaire aux changements de couches?

- ☐ Suis-je préoccupée par la propagation des microbes et des germes lors de ma préparation?

- ☐ Est-ce que je me sens détendue et disponible au moment de changer les couches ou lorsque vient le moment de laisser les enfants aller à la toilette?

13.3 Le nettoyage et la désinfection

13.3.1 Un environnement de qualité – le nettoyage et la désinfection

En bas âge, les enfants explorent l'environnement en portant leurs doigts à la bouche et en manipulant des jouets ou autres objets. Ces simples gestes chez soi, à la maison et, ces mêmes gestes au service éducatif ne comportent pas les mêmes risques de transmission des germes.

Le service éducatif ne peut être exempts de tous germes ou contaminants. Les services éducatifs se sont dotés de politiques de désinfection des jouets et souvent une personne est responsable de procéder à celle-ci à la fin de la journée. Ce chapitre se concentrera sur les besoins de nettoyage et de désinfection qui se produisent au cours de la journée au service éducatif et comment faciliter le travail de l'éducatrice à ce sujet.

Étant en contact étroit avec d'autres enfants, l'éducatrice ne pourra éviter qu'un enfant ne transmette ou soit le récepteur de germes ou maladies propres à la petite enfance.

Toutefois, l'éducatrice bienveillante voudra offrir aux enfants un environnement de qualité exempt – le plus possible – de saletés (par exemple, la salive ou les traces de matières fécales), de germes ou de contaminants (bactéries ou virus).

Pour Cryer et ses collègues (2004), nettoyer et désinfecter sont deux étapes différentes et l'une ne va pas sans l'autre. Ainsi, il importe de bien nettoyer les surfaces comme la table et les chaises avant le dîner et la table à langer avec de l'eau chaude et un détergent en frottant vigoureusement toute la surface avant de procéder à la désinfection de ces mêmes surfaces. Un produit de désinfection approprié et utilisé selon les indications du fabricant permettra d'éliminer le plus possible les germes que le nettoyage n'a pas supprimés.

Par exemple, le fabricant d'un produit de désinfection assure que celui-ci sera efficace s'il peut reposer 5 minutes avant d'être essuyé. L'éducatrice doit planifier judicieusement ce temps à même son horaire quotidien. Elle sait que les enfants ne pourront s'assoir à table si le produit de désinfection qu'elle vient d'appliquer *repose*.

13.3.2 Pour un environnement de qualité : quelques questions à se poser en équipe

- ☐ Avons-nous établi des procédures de nettoyage et de désinfection?
- ☐ Le choix des produits nettoyants et désinfectants tient-il compte de la réalité des éducatrices?
- ☐ Avons-nous des discussions en équipe sur l'utilisation des produits nettoyants et désinfectants?
- ☐ Échangeons-nous en équipe sur les meilleures façons de faire?

13.3.3 Pour une interaction éducative bienveillante : quelques questions à se poser pour l'éducatrice

- ☐ Est-ce que je crois qu'il est important de prévenir le risque de contagion dans mon groupe?
- ☐ Ai-je prévu du temps à mon horaire pour nettoyer et désinfecter les surfaces après chaque usage (table et chaises, table à langer, petits pots, toilette et lavabo)?

13.4 Démarche de réflexion et de planification : exemple pratique

13.4.1 Mise en situation : Pratiques liées à l'hygiène

Il est presque l'heure de dîner et Julie (éducatrice du groupe de 8 enfants âgés de 18 à 24 mois) doit procéder à la désinfection des chaises et de la table. Elle commence à sentir la fatigue qui revient à chaque jour avec la période de nettoyage et de désinfection. Elle a l'impression qu'elle fait tout ça pour rien et qu'elle manque de temps pour organiser des activités.

À ce moment, Chloé dit à Julie qu'elle doit aller sur le petit pot comme cela lui arrive presque tous les jours avant le dîner. Julie sait qu'elle ne peut pas faire attendre Chloé trop longtemps. Les enfants devront se laver les mains avant de se mettre à table. Comment peut-elle s'assurer de tout désinfecter? Elle commence à trouver ces tâches très difficiles.

J'observe la situation

a) Je décris la situation

Sujet	Contenu
Date	4 février 2016
Situation observée	Julie doit procéder à la désinfection des chaises et de la table pour le repas et faire en sorte que les enfants se lavent les mains. Elle doit veiller à ce qu'ils ne touchent pas au matériel avant qu'ils ne se soient nettoyé les mains correctement. Pendant ce temps, un enfant a besoin d'aller sur le pot.
Moment d'apparition et fréquence	Presque à chaque jour
Interventions réalisées	• Julie a pris le temps d'enseigner aux enfants la technique efficace de lavage des mains; • Elle a modifié l'horaire du changement de couches pour les enfants qui en ont besoin; • Elle a limité l'espace de jeu des enfants afin de pouvoir assurer une surveillance pendant qu'elle s'affaire à toutes ces tâches
Personnes impliquées	Julie et les enfants
Toutes autres informations	Aucune

b) J'identifie le besoin prioritaire

Questionnement	Est-ce que les méthodes et les changements effectués par Julie sont vraiment efficaces?
Besoin identifié	Les enfants ont des besoins physiologiques à combler (manger et aller à la toilette).

Les pratiques liées à l'hygiène

c) Je vais chercher les informations nécessaires

Sujet	Contenu
Informations	• Julie va revoir les vidéos sur les méthodes de désinfection efficaces. • Elle revoit les notes de sa dernière formation au sujet des pratiques liées à l'hygiène et elle réalise que l'utilisation du petit pot n'y est pas préconisée puisque cela exige que le petit pot soit désinfecté entre chacun des passages d'un enfant, et ce, en plus de la manipulation de celui-ci par l'éducatrice qui ne peut le laisser à la portée des enfants. • Julie a discuté de ce qu'elle vit lors de la dernière rencontre pédagogique de l'équipe. À ce moment, ses collègues ont réalisé qu'elle était la seule éducatrice à avoir, en même temps dans son groupe, des enfants encore aux couches et des enfants faisant l'apprentissage de la propreté. La directrice du service éducatif s'est dite sensibilisée à la somme de travail que représente pour Julie ces moments de la journée. Elle est d'accord pour regarder avec Julie comment elle pourrait l'aider. • Julie propose de réorganiser le matériel utilisé afin de limiter les besoins de nettoyage et de désinfection.
Hypothèse	Julie croit qu'en planifiant et en revoyant l'aménagement physique de son local, cette période pourrait se vivre de manière plus décontractée.

Je planifie mes interventions

Sujet	Contenu
Pour qui	Julie et les enfants
Objectifs	• Réduire les complications reliées au nettoyage et à la désinfection pendant cette période. • Revoir l'aménagement physique de son local.
Responsables	Julie
Ressources	La directrice du service éducatif et les collègues
Matériels nécessaires	• Toilettes et lavabos accessibles pour les enfants. • Table à langer orientée vers les enfants et aménagée afin que tous les produits nécessaires soient accessibles pour l'éducatrice. • Préparation d'une boîte de jeux avec lesquels les enfants pourraient jouer une fois assis à table (boîte qui n'a que cette fonction). • Produits de désinfection efficaces avec un temps d'attente de moins d'une minute.
Quand	Avant le dîner
Où	Dans le local
Procédures	• Julie veut revoir la nécessité d'utiliser des petits pots. • Elle veut aussi revoir la routine du passage à la toilette et de changement de couches. • Elle veut s'assurer que la toilette est accessible aux enfants. • Elle veut discuter avec la cuisinière pour retarder l'heure du repas. • Elle a fait installer une marche en coin sous le lavabo de telle sorte que 2 enfants puissent laver leurs mains en même temps.

Les pratiques liées à l'hygiène

Sujet	Contenu
Durée	Après avoir pris le temps de procéder à la réorganisation physique de son local : 3 jours.

Je mets en pratique les interventions

Observations lors de l'intervention

Aménagement physique de son local :
- *La directrice a accepté de faire confectionner une marche en coin stable qui sera déposée sous l'évier qui est dans le local afin que 2 enfants puissent se laver les mains en même temps;*
- *Julie n'utilise plus le petit pot, elle a demandé à la directrice d'acheter une marche solide et un siège adapté à la toilette permettant une certaine autonomie aux enfants qui utilisent les toilettes;*
- *Julie a demandé l'installation d'un grand miroir sur le mur faisant face à la table à langer;*
- *La directrice a accepté d'acheter un produit désinfectant nécessitant une seule minute de repos avant d'être essuyé;*
- *Julie a déplacé la table pour le repas pour la placer près de l'évier où les enfants lavent leurs mains;*
- *La table est aussi à proximité des toilettes et Julie peut avoir un œil sur les enfants qui y vont;*
- *Julie a préparé une boîte contenant des jeux désinfectés qui seront accessibles aux enfants lorsqu'ils seront assis à table. Elle y a déposé des jeux qui suscitent l'intérêt des enfants en ce moment, elle pourra renouveler ce matériel au gré des intérêts des enfants. Elle a pris le temps d'expliquer aux enfants l'utilité de cette nouvelle boîte;*
- *Julie prépare 2 chansons qu'elle enseigne aux enfants : une lorsqu'ils lavent leurs mains et l'autre lorsqu'ils patientent à table.*

	Observations lors de l'intervention
Jour 1	• L'heure du dîner approche et Julie débute la période de lavage des mains des enfants. Comme ils y vont en paire de deux, elle réalise que cela diminue le temps qu'elle doit y accorder. Toutefois, Nathan et Sandrine en profitent pour jouer dans l'eau et discuter sans se préoccuper vraiment de ce qu'ils ont à accomplir à l'évier. • Julie supervise le passage à la toilette de Chloé. Comme elle veut que les 2 enfants fassent un lavage efficace de leurs mains, elle entonne la chanson qui leur rappelle les étapes à suivre, les enfants reprennent alors le lavage de leurs mains. • Thomas qui joue aux petites autos a beaucoup de mal à quitter son jeu et Julie doit se rapprocher physiquement de lui afin de lui signifier qu'il est temps d'y aller. • Le repas arrive sur le chariot. • Julie, appréhendant tout ce qui lui reste à faire, se demande si les enfants pourront manger chaud. Thomas et Mathilde n'ont pas encore lavé leurs mains et elle n'a pas encore nettoyé et désinfecté la table. Les autres enfants sont déjà en train de s'asseoir à la table et veulent les jeux de la boîte. Julie sent un peu d'anxiété monter en elle. • Elle nettoie et désinfecte rapidement la table (sans laisser le temps de repos au produit désinfectant) et débute le service du repas. • Les enfants sont impatients car ils croyaient pouvoir jouer et découvrir ce qu'il y avait dans la boîte. • Julie réalise que Thomas n'a pas lavé ses mains et qu'il est assis et a débuté son repas.

Les pratiques liées à l'hygiène

	Observations lors de l'intervention
Jour 2	• Julie a préparé une liste d'ordre de passage aux toilettes et au lavabo en fonction de ce qu'elle a observé chez les enfants de son groupe. Thomas figure au premier rang de cette liste. Il sera le premier à passer. Julie a déposé dans la boîte de jeux 2 petites autos (jouet préféré de Thomas en ce moment).
• Elle a demandé à la cuisinière de laisser le chariot du repas dans le corridor à la porte de son local sachant que le repas y sera gardé au chaud.
• Deux enfants qui se lavent les mains en même temps réduit considérablement le temps d'attente des enfants.
• Elle peut superviser le passage à la toilette des enfants qui font l'apprentissage de la propreté et a changé les couches des autres enfants lors de la période de jeu libre.
• Julie se surprend à chantonner la chanson du lavage des mains avec plaisir pendant qu'elle nettoie et désinfecte la table. Elle regarde les enfants qui semblent eux aussi éprouver du plaisir.
• Thomas est le premier assis à table. Julie lui a dit qu'il y avait une surprise pour lui dans la boîte ce qui a facilité son passage rapide au lavabo.
• Chloé tarde à la toilette et demande l'aide de Julie.
• Pendant ce temps, Thomas, rejoint par d'autres enfants à la table, se désintéresse de ses petites autos pour s'intéresser au casse-tête de Nathan. Thomas prend le jeu de Nathan et se lève de table pour aller profiter de son nouveau jeu un peu plus loin. Il est aussitôt suivi de Nathan qui veut le récupérer. Julie arrive sur les entrefaits et perd tout à coup le sentiment de plaisir ressenti un peu plus tôt.

	Observations lors de l'intervention
Jour 2 (suite)	• Elle sert le repas aux enfants après avoir demandé à Nathan et Thomas de revenir s'asseoir. Elle sait que les deux garçons auraient dû relaver leurs mains. Elle se concentre maintenant sur l'animation du repas.
Jour 3	• Julie reprend sa nouvelle routine. Elle réalise qu'avant celle-ci, il y avait plusieurs enfants qui nécessitaient une attention particulière de sa part. Elle réalise que presque tous les enfants ont été capables très rapidement de faire preuve d'autonomie avec les nouveaux moyens physiques mis en place sous sa supervision plus ou moins rapprochée. Seul Thomas semble avoir besoin de plus d'attention. • Elle ressort sa liste d'ordre de passage en s'assurant que Thomas s'assoira à la table en même temps qu'elle. Il pourra s'amuser avec un jouet pendant qu'elle servira le repas.

Je fais un retour sur la situation

Retour sur la situation
Les besoins identifiés ont été répondus : Les besoins physiologiques des enfants sont répondus. De plus, les enfants peuvent se préparer pour le repas et aller à la toilette de manière plus autonome (besoin d'estime). **Les hypothèses se sont validées :** Julie constate que le réaménagement de son environnement et la planification du temps de préparation au dîner ont permis une atmosphère plus détendue

Les pratiques liées à l'hygiène

> **Actions à poser**
>
> - Poursuivre les actions mises en place.
> - Se donner un temps de rodage.
> - Partager avec ses collègues son expérience.
> - Observer Thomas lors d'autres moments de vie pour mieux comprendre ses besoins.

13.4.2 Les mesures de sécurité importantes – pratiques liées à l'hygiène

Le passage à la toilette et le changement de couches sont des moments où les risques d'accident sont plus élevés. C'est pourquoi la supervision et la proximité physique de l'éducatrice y sont essentielles. Ainsi, un enfant capable de marcher pourra utiliser un escalier, solide et conçu à cet effet, pour monter sur la table à langer pour y faire changer sa couche, et ce, sous la supervision étroite de l'éducatrice.

Au moment de se laver les mains, un enfant qui ne peut atteindre le robinet devrait pouvoir monter sur une marche suffisamment large pour y déposer avec aisance les 2 pieds. La proximité de l'éducatrice permettra une surveillance appropriée à l'âge des enfants. Ainsi, elle peut laver les mains des poupons en les couchant à plat ventre les mains au-dessus du lavabo en s'assurant de tenir le poupon contre elle pour éviter la chute lors de ces manœuvres. Un enfant plus vieux peut être seul au lavabo et ne nécessiter qu'une surveillance à distance.

Enfin, quant à l'utilisation de produits nettoyants pouvant être toxiques, ceux-ci devraient toujours être rangés dans des armoires fermées à clé.

Conclusion

Dans cet ouvrage, nous avons proposé un modèle théorique et différents outils avec l'intention de soutenir l'éducatrice à la petite enfance soucieuse de s'engager dans une interaction éducative bienveillante avec les enfants de son groupe. Nous espérons sincèrement que ces propositions pourront jouer ce rôle au sein des services éducatifs à la petite enfance.

Les acquis que les enfants réaliseront avant l'âge de 5 ans seront les bases sur lesquelles s'ancreront leurs apprentissages futurs. Ainsi, l'éducatrice à la petite enfance agit à titre de catalyseur afin de favoriser la maturité scolaire des jeunes enfants qui sont sous sa responsabilité. Son travail est primordial et complexe.

Elle ne peut y arriver seule.

C'est pourquoi elle doit faire confiance à ses ressources personnelles, professionnelles et en ses capacités de parfaire sa formation. Elle doit également se permettre de questionner ses collègues, d'interpeller les parents ou encore, de faire appel à des partenaires extérieurs au service éducatif dans certains cas. La collaboration qu'elle réussira ainsi à établir deviendra pour elle un élément incontournable dans son travail éducatif auprès de l'enfant.

Un second élément dans son travail éducatif est l'aménagement de l'environnement physique répondant aux plus hauts critères de qualité. L'aménagement d'un environnement de qualité devient, pour ainsi dire, un filet de sécurité ou un allié pour l'éducatrice qui n'est plus seule dans son local. Elle peut se fier à ce qu'elle a mis en place afin de *vivre avec* tous les enfants de son groupe une interaction éducative bienveillante.

Références

Birch, H., & Ladd, G. W. (1997). Children's interpersonal behaviors and teacher-child relationship. Developmental Psychology, 34(934-946).

Bodrova, E. & Leong, D. (2012). Les outils de la pensée : l'approche vygotskienne dans l'éducation à la petite enfance. Traduction française de la 2e édition de : Tools of mind par M.-G. Maynard. Presses de l'Université du Québec. Collection Éducation à la petite enfance.

Brown, C.G. (2014). The Iowa Model of Evidence-Based Practice to Promote Quality Care: an illustrated example in oncology nursing. Clinical Journal of Oncology Nursing. April; 18(2) : 157-159.

Burchinal, M., Howes, C., Pianta, R. C., Bryant, D., Early, D. & Clifford, R.M. (2008). Predicting child outcomes at the end of kindergarten from the quality of pre-kindergarten teacher-child interactions and instruction. Applied Developmental Science, 12, 140–153.

Cabrol, C. & Raymond, P. (1987). La douce. Méthode de gymnastique douce et yoga pour enfants. Boucherville : Les publications Graficor. Canada.

Campbell, F. A., Pungello, E., Miller-Johnson, S., Burchinal, M. R., & Ramey, C. (2001). The development of cognitive and academic abilities: Growth curves from an early childhood experiment. Developmental Psychology, 37, 231-242.

Côté, S.M., Mongeau, C., Japel, C., Xu, Q., Séguin, J.R. et Tremblay, R.E. (2013). Child care quality and cognitive development: trajectories leading to better preacademic skills. Child Development, Mar-Apr; 84 (2), 752-766.

Cryer, D., Harms, T. & Riley, C. (2004). All About the ITERS-R. A detailed guide in words and pictures to be used with the ITERS-R. Kaplan Early Learning Co. 465 pages

de Kruif, R.E.L., Mc William, R. A., Maher Ridley, S., & Wakely, M. B. (2000). Classification of teachers' interaction behaviors in early childhood classrooms. Early Childhood Research Quaterly, 15(2), 247-268.

Deaning, E., Mc Cartney, K. and Taylor, B.A. (2009). Does higher quality early child care promote low-income children's math and reading achievement in middle childhood? Child Development, Sep-Oct; 80(5): 1329-1349.

Dhingra, R., Manhas, S. & Raina, A. (2005). Play Pattern in Preschool Setting. Journal of Human Ecology, 18(1), 21-25.

Direction de l'accessibilité et de la qualité des services de garde. Ministère de la Famille (2017). Intégration d'un enfant handicapé en service de garde. Cadre de référence et marche à suivre. Gouvernement du Québec.

Fjortoft, I. & Sageie, J. (2000). The Natural Environment as a Playground for Children: Landscape Description and Analyses of a Natural Playscape. Lanscape and Urban Planning, 48, 83-97.

Grandir en qualité (2014). Drouin, C., Bigras, N., Fournier, C., Desrosiers, H., & Bernard, S. (2004). Grandir en qualité 2003. Enquête québécoise sur la qualité des services de garde éducatifs : Institut de la Statistique du Québec.

Green, B. L., Everhart, M., Gordon, L., & Gettman, M. G. (Fall 2006). Characteristics of Effective Mental Health Consultation in Early Childhood Settings: Multilevel Analysis of a National Survey. Topics in Early Childhood Special Education; ProQuest Psychology Journals, 26(3), 142-152.

Groupe d'étude sur le programme d'apprentissage de la petite enfance, Meilleur départ (2008). L'apprentissage des jeunes enfants à la portée de tous dès aujourd'hui : Un cadre d'apprentissage pour les milieux de la petite enfance de l'Ontario.

Guay, L. & Smith, N. (2009). La santé des enfants en services de garde éducatifs (2e éd.). Les publications du Québec : Québec.

Harms, T., & Clifford, R.M. (1993). Un univers à découvrir. Grille d'évaluation des services de garde en milieu familial (traduction française du Family Day Care Rating Scale; FDCRS) (Deuxième édition revue et corrigée éd.). Québec : Publications du Québec.

Harms, T., Clifford, R.M. & Cryer, D. (1998). Early childhood environment rating scale. Français. Traduction de Baillargeon, M. et Larouche, H. (2009). Sainte-Foy : Presses de l'Université du Québec.

Harms, T., Cryer, D & Clifford, R.M. (2009). Infant/toddler environment rating scale. Français. Traduction de A. Pomerleau et al. Québec : Presses de l'Université du Québec, 2009.

Harms, T., Riley, C. & Cryer, D. (2012). All About the ECERS-R. A detailed guide in words & pictures to be used with the ECERS-R. Kaplan Early Learning Co. 444 pages.

Références

Hohmann, M., Weikart, D.P., Bourgon, L. & Proulx, M. (2007). Partager le plaisir d'apprendre. Guide d'intervention éducative au préscolaire. 2e édition. Traduction de : Educating Young Children, Second Edition, de Hohmann, M. & Weikart, D. (2002). Montréal, Les Éditions de la Chenelière inc.

Howes, C. & Smith, E. (1995). Children and their care teachers: Profile of relationship. Social Development, 4, 44-61.

Howes, C., Burchinal, M., Pianta, R. C., Bryant, D., Early, D., Clifford, R.M. & Barbarin, O. (2008). Ready to learn? Children's pre-academic achievement in pre-kindergarten programs. Early Childhood Research Quarterly, 23, 27–50.

Japel, C., & Manningham, S. (2007). L'éducatrice au cœur de la qualité... un projet pilote visant l'augmentation des compétences. In Qualité dans nos services de garde éducatifs à la petite enfance (La). Montréal : Presses de l'Université du Québec.

Julien-Gauthier, F, Legendre, M.P. & Lévesque, J. (2015) Julien-Gauthier, F. & Jourdan-Ionescu, C. (dir.). (2015). Résilience assistée, réussite éducative et réadaptation. Québec : Livres en ligne du CRIRES. http://lel.crires.ulaval.ca/public/resilience.pdf. Chapitre 3 : Accroître la résilience des éducatrices en services de garde qui accueillent un enfant ayant un retard global de développement. pp. 34-48

Kliewer, W. & Kung, E. (1998). Family moderators of the relation between hassles and behavior problems in inner-city youth. Journal of Clinical Child Psychology, 27(3), 278-292.

La qualité ça compte (2008). Japel, C., Tremblay, R. E., & Côté, S. (2005). La qualité, ça compte! Résultats de l'Étude longitudinale sur le développement des enfants du Québec (ÉLDEQ). Montréal : Institut de recherche en politiques publiques.

Manningham, S. & Rancourt, V. (2012). Accompagnement psychoéducatif et processus de mobilisation dans les services de garde à la petite enfance : recherche partenariale. Revue Économie et Solidarités. Vol.42, n° 1-2, CIRIEC, Canada.

Manningham, S. (2009). Qualité de l'environnement éducatif dans les services de garde préscolaires au Québec : Rôle des caractéristiques des éducatrices et une intervention visant à augmenter ses compétences. Thèse présentée à la Faculté des études supérieures en vue de l'obtention du grade de Philosopha Doctor (Ph.D.) en psychologie. Université de Montréal.

Manningham, S. (2013). Portés par la qualité! 2 ½ à 5 ans. Projet d'acquisition et de transfert de connaissances. Rouyn-Noranda : Chaire Desjardins en développement des petites collectivités (UQAT). Rapport de recherche, janvier 2013.

Manningham, S., Lanthier, M., Wawanoloath, M.-A. & Connelly, J.-A. (2011). Cadre de référence en vue de soutenir la persévérance scolaire des élèves autochtones à la Commission scolaire de l'Or-et-des-Bois. Rapport de recherche. Éditeur : LARESCO-UQAT.

Maslow, A.H. (1954). Motivation and Personality. New York, NY : Harper & Row.

Massé, L, Desbiens, N. & Lanaris, C. (2005). Les troubles de comportement à l'école : prévention, évaluation et intervention. Boucherville : Gaétan Morin Éditeur. p. 325 à 355.

Melsbach, S. (2005). Enfant en sécurité : une responsabilité du personnel éducatif. Saint-Hubert (Québec) : RCPEM. 16 pages.

Ministère de la Famille (2014). Regard statistique sur les jeunes enfants au Québec. Juin. Gouvernement du Québec

Ministère de la famille (2017). Intégration d'un enfant handicapé en service de garde. Cadre de référence et marche à suivre. Direction de l'accessibilité et de la qualité des services de garde. Gouvernement du Québec.

Ministère de la famille des aînés et de la condition féminine (MFACF) (2006). Situation des centres de la petite enfance et des garderies au Québec en 2004. Analyse des rapports d'activités 2003-2004 soumis par les services de garde : Gouvernement du Québec : Les Publications du Québec. Ministère de la Famille, des Aînés et de la Condition féminine du Québec.

Ministère de la Famille et des Aînés (2007). Accueillir la petite enfance. Le programme éducatif des services de garde du Québec. Mise à jour. Québec.

Observatoire des tout-petits (2016). Dans quels environnements grandissent les tout-petits québécois? Portrait 2016. Montréal, Québec.

Ordre des psychoéducateurs et des psychoéducatrices du Québec. (2014). L'évaluation psychoéducative de la personne en difficulté d'adaptation. Lignes directrices. P. 40.

Parent, S. & Caron, L. (2007). Les approches socioculturelles de l'intelligence. In S. Larivée (Éd.), L'intelligence, tome 1. Les approches biocognitives, développementales et contemporaines (pp. 251-274). Montréal : Éditions du renouveau pédagogique.

Peisner-Feinberg, E., Burchinal, M., Clifford, R.M., Culkin, M., Howes, C., Kagan, S. L., & al. (2001). The relation of preschool child-care quality to children's cognitive and social development trajectories through second grade. Child Development, 72(5), 1534-1553.

Poulin, M-H. (2012). Relations entre la pratique des routines familiales, le style d'attachement maternel, l'adaptation du parent et l'adaptation des enfants d'âge scolaire. Thèse présentée au

Département des sciences de la santé de l'Université du Québec en Abitibi-Témiscamingue et à la Faculté de médecine et des sciences de la santé de l'Université Sherbrooke. Rouyn-Noranda, Québec. Novembre.

Projet Odyssée (2008). Petit guide pour prendre la route : Rituels, routines et transitions.

Ramey, C. T., Campbell, F. A., & Blair, C. (1998). Enhancing the life-course for high-risk children: Results from the Abecederian Project. In J. Crane (Ed.), Social programs that really work. New York: Russell Sage.

Ramey, S. L. (1999). Head Start and preschool education: Toward continued improvement. American Psychologist, 54, 344-346.

Renou M. (2005). Psychoéducation. Une conception, une méthode. Québec : Éditions Sciences et Culture. P. 140.

Sallis, J.F., Prochaska, J.J. & Taylor, W.C. (2000). A review of correlates of physical activity of children and adolescents. Medicine and science in sports and exercise, May; 32(5): 963-975.

Schweinhart, L. J., Montie, J., Xiang, Z., Barnett, W.S., Belfield, C.R. & Nores, M. (2005). Lifetime effects: The High/Scope Perry Preschool study through age 40. Ypsilanti, MI: High/Scope Press.

Vandell, D. L. (2007). Les services à la petite enfance. Découvertes passées et futures. In Bigras, N. & Japel, C. (Eds.), La qualité dans nos services de garde à la petite enfance. La définir, la comprendre, la soutenir (pp. 21-54). Québec : Les Presses de l'Université du Québec.

Vandell, D. L., & Wolfe, B. (2000). Child care quality: does it matter and does it need to be improved. Washington, DC.

Vandell, D.L., Belsky, J., Burchinal, M., Vandergrift, N. & Steinberg, L., NICHD Early Child Care Research Network (2010). Do Effects of Early Child Care Extend to Age 15 Years? Results From the NICHD Study of Early Child Care and Youth Development. Child Development, May-Jun; 81(3): 737-756.

Weikart, D.P. (1969). Ypsilanti Preschool Curriculum Demonstration Project, Ypsilanti, MI, High/Scope Research Foundation.

Williford, A.P., Vick Whittaker, J.E., Vitiello, V.E. & Downer, J.T.. (2013). Children's Engagement within the Preschool Classroom and Their Development of Self-Regulation. Early Education Development, Jan 1; 24(2) : 162-187.

Wood, Frank H., Smith, Carl R., Grimes, J. & Iowa Special Education Division (1985). The Iowa Assessment Model in Behavioral Disorders: A Training Manual. Des Moines, Iowa State Department of Public Instruction.

www.ingramcontent.com/pod-product-compliance
Lightning Source LLC
Chambersburg PA
CBHW070806230426
43665CB00017B/2506